性暴力被害者への支援

臨床実践の現場から

小西聖子
上田　鼓　編

誠信書房

はじめに

２０１３年夏、日本心理臨床学会第32回大会において、私たちは「性暴力被害者支援」と題した自主シンポジウムを行った。多くの会員の方々に聴講していただき、この分野における専門家の関心の高さが窺われたところである。

この企画を考えたのには理由があった。何らかの形で犯罪被害者の支援に携わる心理臨床家は多いはずであるが、一部の専門家に特化されたものとして捉えられやすく、さまざまな組織・機関で支援が行われていることを知っていただきたいと思ったことが第一である。加えて、性暴力被害者支援は、必要性が叫ばれた時期を経て、ワンストップ支援センターの開設や産婦人科医療との連携などが模索されるなど新たな段階に入ってきており、臨床で得られた知見、課題について討論を交わし、その中身をより充実させていく必要があると思ったことである。各分野における第一人者の方々にお声かけさせていただいたところ、快諾をいただくことができ、シンポジウムを開催する運びとなった。そして、シンポジウムでの発表内容を残るような形にしたいとの考えから、本書の作成に至った。

本書は主に、被害者支援の経験が少ない心理臨床家を対象としているが、経験を積んだ臨床家の方々にも、わが国における性暴力被害者支援がどのような形態で行われているのかについてや、支援方法について認識を深めていただくことを目的としている。本書は端から読まなければならないわけではなく、その時に必要な章だけを選んで読んでいただいて構わない構成となっている。

第1章では、武蔵野大学の中島聡美氏が、性暴力被害者支援の概要について執筆されている。中島氏は、犯罪被害者等基本計画の策定に携わられた精神科医であり、警察庁犯罪被害者等施策推進会議委員、いばらき被害者支援センター参与を務めるなど長年犯罪被害者支援に関わってこられた。

第2章、第3章、第4章においては、各組織・機関における性暴力被害者支援のシステムと臨床実践について触れた。第2章では、上田が警察における臨床実践について執筆し、第3章では民間被害者支援団体創設の草創期に設立された被害者支援都民センターで公認心理師・臨床心理士として活躍されており、PE（長時間曝露療法）の指導者資格をお持ちの齋藤梓氏が民間被害者支援団体における臨床実践を、第4章では、東京医科歯科大学難治疾患研究所犯罪被害者相談室長を務められた経歴をお持ちで、臨床経験の豊富な大山みち子氏が大学の心理臨床センターおよび開業という双方の臨床実践を紹介されている。

続く第5章では、性暴力被害者支援に携わる援助者のストレスについて論じている。この章は、自主シンポジウムでの発表にはなかった内容であるが、支援に携わる者には必須であるし、上田が長らくこの研究に携わっていたために、掲載することにした。

第6章では、山下由紀子氏が、シンポジウム当日に聴講者に行ったアンケート結果をもとに、性暴力被害者支援に対する心理臨床家の意識、今後の課題についてまとめられている。山下氏は、神奈川県臨床心理士会の被害者支援担当理事を務め、学校への危機介入を行うなど、被害者支援の分野における造詣が深い。

最後の第7章では、性暴力被害者支援の歴史について武蔵野大学の小西聖子氏が筆を執っている。小西氏については改めてご紹介するまでもないが、精神科医であり、わが国における性暴力被害者支援の第一人者である。あまり語られることのなかった性暴力被害者支援の草創期から現在に至るまで、御自身の知見をもとに貴重な話をいただいている。さらに、シンポジウム当日、会場から出された質問などをもとに、地域差の問題やワンストップ支援センターの話題を含め、性暴力被害者支援の課題と展望について考察されている。

トラウマとは心の傷であり、心の傷を見つめていくことは心理臨床の原点である。トラウマの本質は何であるのか。どのような支援が可能なのか。私は、臨床実践においては考えることを放棄してはならないし、考えていくことこそ大切な営みであると思っている。本書が何らかの形で皆様の日々の疑問に応えるものであれば幸いである。

最後に、本書を作成するに当たり、多忙な中、ご負担をお掛けしたにも拘わらずご快諾いただいた執筆者の皆様、誠信書房の児島様に感謝を申し上げます。

上田　鼓

目次

第1章
性暴力被害者のメンタルヘルスと心理的支援

中島聡美

第1節　はじめに

性暴力は過去においても、深刻な女性への暴力問題であったし、今も全世界的な問題である。1993年に「女性に対するあらゆる形態の暴力の撤廃に関する宣言（Declaration on the Elimination of All Forms of Violence against Women）」が国連総会で決議された。この宣言では、「女性に対する暴力」を「性に基づく暴力行為であって、公的生活で起こるか私的生活で起こるかを問わず、女性に対する身体的、性的若しくは心理的危害または苦痛（かかる行為の威嚇を含む）、強制または恣意的な自由の剥奪となる、または、なるおそれのあるものをいう」（第一条[i]）とし、以下のものが含まれると明確に定義した。

⑴　家庭において発生する身体的、性的および心理的暴力であって、殴打、世帯内での女児に対する性的虐待、持参金に関連する暴力、夫婦間における強姦、女性の生殖器切断およびその他の女性に有害な伝統的慣行、非夫婦間の暴力および搾取に関連する暴力を含む。

⑵　一般社会において発生する身体的、性的および心理的暴力であって、職場、教育施設およびその他の場所における強姦、性的虐待、セクシュアル・ハラスメントおよび脅迫、女性の売買および強制売春を含む。

⑶　どこで発生したかを問わず、国家によって行なわれるまたは許される身体的、性的および心理的暴力。

この定義からも見て取れるように、女性への暴力は、単なる個人間の暴力ではなく、女性への差別意識やパワーバランス、宗教など社会・文化背景に根差したものであると言える。したがって、個人的な暴力の問題として解決することは困難であり、社会の意識を変革する必要があると言えよう。国連では２００８年―２０１５年に、「団結しよう、女性への暴力を終わらせるために（UNiTE to end violence against women campaign）」キャンペーン（www.un.org/en/women/endviolence）を行うことを決議した。このキャンペーンでは２０１５年までにすべての国で、以下の５つの目標を達成することを目標としている。①女性および女児に対するあらゆる形態の暴力を取り上げ、処罰するために国内法を整備し、施行する。②国内行動計画を採択して実施する。③女性および女児に対する暴力の状況に関するデータの収集を強化する。④国民意識と社会的動員を強化する。⑤紛争時における性的暴力の問題に取り組む。[ii]

日本においては、２０００年に男女共同参画審議会において「女性に対する暴力に関する基本的方策について」の答申が内閣総理大臣に提出され、２００１年に「配偶者からの暴力の防止及び被害者の保護に関する法律」が成立した。当初の施策は、配偶者による暴力の防止と被害者の保護が中心であったが、２０１０年の「第３次男女共同参画基本計画」の策定にあたり、性暴力被害についての取り組みが遅れていることが指摘され、２０１２年に男女共同参画会議：女性に対する専門調査会から、「女性に対する暴力」を根絶する

ⅰ　「女性に対する暴力の撤廃に関する宣言」の訳はミネソタ大学人権図書館に掲載された日本語訳を引用した（http://www1.umn.edu/humanrts/japanese/Je4devw.htm）

ⅱ　このキャンペーンについての文章は、国連広報センターのＨＰ、「女性の権利」から引用した（http://www.unic.or.jp/activities/humanrights/discrimination/women/）

ための課題と対策～性犯罪への対策の推進～」とする報告書が提出され、強姦罪を非親告化するなど性犯罪への法的対処の強化と、被害者に対するケアの促進として、ワンストップ支援センターの設置を促進することを推進すべき重点的な施策として挙げている。

性暴力被害者への支援は、犯罪被害者等基本法（２００４年公布）に基づき、基本計画が立てられ国の施策がすすめられてきた。２０１０年の第2次基本計画の策定の際には、性暴力被害者への支援が進んでいないことの問題が指摘され、ワンストップ支援センターの設立を望むパブリックコメントがあったことから、医療機関における性犯罪被害者への対応体制の整備や性犯罪被害者対応における看護師・助産師の活用、ワンストップ支援センターの設置促進が主な施策として挙げられた。特にワンストップ支援センターは、警察庁のモデル事業として、２０１０年に愛知県にハートフルステーション・あいちが開設されたことを皮切りに、民間団体等の設立がすすみ、現在（２０１６年7月）では、全国で24か所のワンストップ支援センターが開設されている。内閣府ではワンストップセンターの設置を促進するため、「性犯罪・性暴力被害者のためのワンストップ支援センター開設・運営の手引」を作成した。

日本は性暴力被害者への支援が遅れていると言われてきたが、ここ数年ようやく、男女共同参画や犯罪被害者支援の一環として、支援への取り組みが進むようになってきた。しかし、性暴力被害がなかなか表に出ない問題であるだけに、被害者の相談を待つだけでは不十分であり、潜在化している被害者にどのように支援情報を届けていくのかなど、まだまだ課題は多い。

第2節　性暴力被害の実態

性暴力被害の実態を把握することは難しいと考えられている。一つにはどこまでを性犯罪とするかという定義が一定ではないことが挙げられる。前述した国連の定義に比べると日本の刑法における強姦罪や強制わいせつの定義は非常に限られたものとなるため，被害者数は大きく異なることになる。また，もう一つは〝暗数〟の存在である。性犯罪は親告罪であるため，被害者の訴え（公訴）が必要となるが，人に知られたくないという思いなどからなかなか届け出ることができない。そのため，警察による統計など公の統計は限られた被害者数しか反映されていないと言われている。

平成25（２０１３）年度版犯罪白書（法務省法務総合研究所編 2013）では，平成24（２０１２）年度における性犯罪被害の認知件数は，強姦が１２４０件（被害発生率（女子のみ）１・９件／10万人），強制わいせつが７２６３件（被害発生率（女子のみ）10・８件／10万人）であり，この値はここ10年ほど大きく変わってはいない。被疑者との関係を見ると，強姦では51・６％が，強制わいせつでは75・６％が，面識のないものからの被害となっている。これらの数はあくまでも警察が認知した件数であるため，警察に相談しない被害者の数は反映されていない。このように公にされない被害数は暗数と呼ばれている。

一方，一般住民を対象とした調査では，警察に届け出していない被害者もある程度反映することができる。法務省では，このような暗数を含めた実態を把握するため，２０００年から国連の国際犯罪被害実態調査（ＩＣＶ

S）に参加し、４年ごとに「犯罪被害実態（暗数）調査」を実施している。この調査は、全国から無作為抽出した16歳以上の男女を対象に行われている。第３回調査までは調査員による聞き取りを行っていたが、第４回調査からは自記式のアンケート調査に変更されており、性暴力被害など他人に言いづらい事件の実態がより反映されたものとなっている。平成23（２０１１）年度に行われた第４回実態調査（法務省法務総合研究所編 2012）では、過去1年間に性的事件を経験した男女は０・５％であり、このうち72・４％は警察への届出をしていなかった。

内閣府の男女共同参画局でも、１９９９年から主に配偶者間での暴力の実態を把握するために、全国から無作為抽出した男女を対象に自記式のアンケート調査を行っており、その中で、女性を対象に性暴力の被害について も尋ねている。平成23（２０１１）年度「男女間における暴力に関する調査」報告書（内閣府男女共同参画局 2012）では、過去に異性（恋人、夫含む）から無理矢理に性交された経験のある女性は７・７％であった。また、被害経験者のうち、誰かに（どこかに）相談した人は28・４％であり、さらに、警察に相談した人は３・７％であり、法務省の実態調査よりさらに低い率であった。この二つの調査から、性暴力被害者の77％―96％は警察に届けていないことから、実際の被害者数は警察統計の４～20倍に上ると推測される。

内閣府の調査では、犯罪白書とは異なり加害者の76・９％が顔見知りであった。また、被害時の年齢を見ると、38・７％が19歳以下であったことから、年齢が幼いことや顔見知りからの被害であることも訴えにくくしている要因ではないかと思われる。また、被害者の相談しなかった理由で最も多かったのは、「恥ずかしくて誰にも言えなかった」であり、警察以外で、被害を安心して相談できる場所の存在またその周知が重要であると考えられる。

第3節　性暴力の心身への影響

性暴力は、被害者の心身の健康にも大きな影響を与える。特に、妊娠や性感染症などリプロダクティブ・ヘルスに与える影響が大きい。具体的には、性器の損傷、妊娠、妊娠中絶、不妊、性感染症や尿路感染症、性機能障害などがあげられる（WHO, 2003）。また、性器以外での身体的負傷（打撲、あざ、直腸の裂傷）を負うこともある。ゴールディング（Golding, 1994）が、ロサンジェルスの住民を対象に行った調査では、性暴力被害の経験のある女性では、経験のない女性と比較して、身体疾患の有病率には差がなかったが、さまざまな領域の身体症状（胃腸症状、心肺関連症状、身体の痛み、月経困難）が有意に多く、特に６つ以上の身体的症状を抱えている割合が29・３％であり、さまざまな身体的な問題が長期に存在していることが示された。

また、安全な方法で行われない妊娠中絶や、ＡＩＤＳ、自死などで致死に至ることも深刻な問題としてあげられる。一部の地域では名誉殺人（女性の婚前・婚外での性交渉を、理由を問わず家族の名誉を傷つけたものとして、家族が被害者を殺害する風習）によって被害者が殺害されてしまうなど、深刻な二次的問題が引き起こされることがある。

精神的な影響も深刻である。内閣府が行った調査（内閣府犯罪被害者等施策推進室 2009）では、性暴力被害を経験した人では、過去1か月の精神的悩みがあると回答した人が68％（犯罪被害経験のない対照群では39％）であり、重症精神障害に該当した人（Ｋ６　13点以上）が36％（犯罪被害経験のない対照群では６％）と著しく高い割合を示した。この調査で性被害を経験したと回答した人では、被害からの経過年数が41か月であり、このような精神的な問題が長期化していることが示された。この結果が示すように、性暴力被害者には、心的外傷後ストレス障害（posttraumatic stress disorder，以下ＰＴＳＤ）やうつ病など、さまざまな精神障害が高い割合で見られることが報告されている。

性暴力被害者のＰＴＳＤの有病率については、多くの研究がなされており、他のトラウマに比べ有病率が高いことが共通して示されている。ケスラーら（Kessler et al., 1995）が行った米国の一般住民を対象とした調査では、レイプの被害を経験した男性の65・0％、女性の45・9％がＰＴＳＤを経験していた。レイプ被害は、子ども時代の身体的虐待（ＰＴＳＤ経験者：男性22・3％，女性48・5％）や自然災害（ＰＴＳＤ経験者：男性3・7％，女性5・4％）、事故（ＰＴＳＤ経験者：男性6・3％，女性8・8％）等の体験と比べてもＰＴＳＤの生涯有病率が高かった。ブレスロウら（Breslau et al., 1998）も、デトロイト地区での住民を対象にした調査を報告しているが、ここでもレイプ体験のあった住民の49・0％、レイプ以外の性暴力被害者の23・7％がＰＴＳＤを経験しており、やはり他の暴力被害や災害等と比較しても高いことが示されており、性的被害、特にレイプ被害においてＰＴＳＤが発症しやすいと言えよう。キルパトリックら（Kilpatrick et al., 1989）は犯罪被害関連のＰＴＳＤの危険因子として、生命の危機と身体的負傷に加えて、レイプ既遂があげられるとしており、性暴力被害者、特にレイプ被害者においてＰＴＳＤが高い割合で発症することを予測することが必要である。

また、ＰＴＳＤ以外の精神障害の有病率も高いことが報告されている。ブードローら（Boudreaux et al., 1998）は、ＰＴＳＤ以外のうつ病、不安障害等の精神障害（ＤＳＭのⅠ軸精神障害）の有病率が、ＰＴＳＤを有する被害者では63・6％、ＰＴＳＤを有しない被害者でも24・9％あることを示した。特に、ＰＴＳＤを有する被害者では、うつ病（31・８％）、単純恐怖（27・３％）、強迫性障害（27・３％）などの疾患の併存率が高く、これはＰＴＳＤを有しない被害者においても同様であった。ＰＴＳＤを有しない被害者においてもうつ病、不安障害のリスクが高く特に、ＰＴＳＤを有する場合には顕著であり、複数の精神障害について留意する必要がある。

特に深刻な問題として、薬物依存やアルコール依存のリスクが高いことがあげられる。性暴力被害者では、非被害者に比べ二つ以上のアルコール関連問題を抱える人の割合が、13・４倍であり、二つ以上の薬物関連問題を抱える率は、26・０倍という報告もある（Kilpatrick　et al., 1992）。キルパトリックら（Kilpatrick, et al., 1997）は、縦断研究において、アルコール乱用は暴力体験により増加し、薬物乱用はそれ自体が暴力被害のリスクであると同時に、被害によってももたらされるという悪循環があるとしている。このような被害後の薬物乱用や、アルコール乱用のリスクの増加は、ＰＴＳＤやうつ病などの精神障害が関連している可能性が示唆されており、しばしば不眠やフラッシュバックなどの症状のコントロールとして被害者が自己治療的にこれらの物質を使用することが要因ではないかと考えられている（Kilpatrick & Acierno, 2003）。

また、性的暴力体験が自殺企図などの自殺行動のリスクを高めることも報告されている。トマスラら（Tomasula et al., 2012）は、思春期の学生において性的被害経験のある場合には６・４倍過去1年間の自殺企図の割合が高かったとしている。このような自殺企図のリスクの増大は、性的被害だけではなく暴力被害全体に言えることであり、リースら（Rees et al., 2011）は、性的被害を含む暴力被害を受けた女性では、34・７％が自殺企図の経験があり、非被害女性の14・８倍という高率であることを報告している。このような自殺企図等自殺行動には、うつ病や物質関連障害の存在が影響していたが（Waldrop et al., 2007）、自責感や絶望感などの認知的な問題や疎外感、社会的孤立、ソーシャルサポートの不足などの影響もあると思われる。

性暴力被害は、被害者の信念や考え方（認知）にも大きな影響を与える。性暴力被害にあうことで、以前持っていた世界や自己、他者に対する安全感や信頼感が崩れてしまい、無力感や屈辱感、不信感が生じるようになる（Janoff-Bulman, 1992）。また、事件の原因を自分に帰属させ、「自分に非があったから被害にあった」と考えて、自分を責めることがある。このような否定的な認知や感情は、DSM-5（American Psychiatric Association, 2013）からPTSDの症状の一部としてとらえられるようになってきたが、PTSDに該当しない被害者においても、よく見られる症状である。特に、性被害者では、「汚された」という思いが強く、「恋愛できない」、「結婚できない」という未来に対する絶望感につながることがある。フェアブラザーとラックマン（Fairbrother & Rachman, 2004）は、このような「(現実には存在していないにもかかわらず）自分の内部が汚された思い（feeling of mental pollution)」は性被害後に多く見られ、過剰な洗浄など強迫性障害に結び付くこともあるとしている。このような否定的な認知は、レイプ神話に代表されるような被害者への非難が存在すると、より強化されると考えられる。

否定的な認知の持続はさまざまな影響を被害者に与える。エラーズとクラーク（Ehlers & Clark, 2000）は否定的な認知の存在が、PTSDの遷延化につながるというモデルを提唱している。また、特に他者への不信感は、被害者が周囲や支援者に援助を求める行動を阻害する（Yap et al., 2013）ため、回復を困難にしてしまうことになる。

このような心身の健康状態の不良に加えて、被害者では社会機能の低下や生活機能の障害が見られる。性暴力被害を含む暴力被害を経験した女性では、非被害女性と比較して、QOL（quality of life：生活の質）の障害を抱える率が２・96倍であり、機能障害をきたした日数の増加があった人の割合は３・14倍であることが報告されている（Rees et al., 2011）。被害別にみても、内閣府の犯罪被害類型別調査（内閣府犯罪被害者等施策推進室 2010）で、過去1年間に生活の機能障害（仕事や日常生活が行えなくなった）をきたした日数は、交通事故被害者が27・０日、殺人・障害等の被害者が49・０日であるのに対し、性犯罪被害者が61・５日であり、他の犯罪被害よりも多かった。ＰＴＳＤやうつ病において生活機能障害が大きいことが報告されている（Merikangas et al., 2007）ことから、性暴力被害者の精神障害の有病率の高さがこのような生活機能障害に影響していると考えられる。

既存のさまざまな研究報告は、性暴力被害者において、身体的不調や精神障害、自殺企図者の割合が高く、ＱＯＬの低下が顕著であることを示している。さらにこの傾向は、他の犯罪被害と比べても強いことから、性暴力被害者に対しては、ＰＴＳＤ等精神障害の治療を含む介入や支援が必要であると考えられる。

第４節　性暴力被害者への支援

性暴力被害者のみならず、すべての犯罪被害者に対して言えることであるが、犯罪被害者の抱える問題は、精神的なものにとどまらず、身体、社会・生活機能、司法手続など多様であることから、支援は包括的なものでなくてはならない。特に、性暴力被害後の急性期では、産婦人科治療を含む身体的ケアや生活の安全の確保、警察への届け出等多くのことを行わなくてはならないため、まず具体的な被害者のニーズに応える支援が重要である。

メンタルヘルスに関しての支援も、最初から専門的な心理カウンセリング等の介入を行うのではなく、まず被害者の自然な回復を促進するために、被害者のニーズに応じた具体的な支援（心理社会的支援）を行った上で、より専門的なケアを提供するのが望ましいと考えられる。内閣府の調査（内閣府犯罪被害者等施策推進室 2010）でも、性暴力被害者が「今度実現・充実させていくことが望ましい施策」としてあげた項目で、最も多かったのは「ＰＴＳＤ等重度ストレス反応の治療専門家の養成」（62・５％）であったが、次いで、「捜査、公判等の過程における配慮」（50・０％）、「犯罪被害者等のための医療体制の整備」（37・５％）、「犯罪被害者等に対する加害者の情報提供の拡充」（37・５％）、「司法・行政機関職員の理解・配慮の増進」（37・５％）が挙げられており、司法手続における被害者への配慮や加害者からの安全の確保など精神的な支援以外についても高いニーズがあることが示されていた。

１．日本の犯罪被害者支援

日本では、性暴力に特化した法律がないため、性暴力被害者の支援は、犯罪被害者全般の支援として行われてきた。日本の国としての犯罪被害者への支援の取り組みは、犯罪被害者等給付金支給法（１９８０年）による経済的支援から始まったと考えられる（瀬川 2000）。この法律は、１９７４年の三菱重工ビル爆破事件のような無差別テロにおいて被害者への補償が一切ないことの問題を踏まえて作られた法律であったが、経済的な支援にとどまることと、見舞金という性質上十分な給付ではないことが問題として挙げられていた。

より被害者支援に対する取り組みが進んだのは、１９９０年代に入ってからである。１９９０年に学術関係者によって日本被害者学会が設立され、警察庁はこれらの研究者と共同して、「犯罪被害者実態調査」を行い、その内容に基づいて警察における犯罪被害者支援を推進するようになった。１９９６年には、警察庁が「被害者対策要綱」を制定し、「犯罪被害者対策室（現 犯罪被害者支援室）」が作られるなど，本格的な犯罪被害者施策が取り組まれるようになり，全国の都道府県警察にも犯罪被害者対策室が設置され、全国的な支援が行われるようになった。

民間の被害者支援団体の活動も同じころから活発となり、警察の被害者支援と共同する形で、全国に被害者支援センターが作られていった。これらの団体は、全国被害者支援ネットワークとして、組織化され、現在では48団体が加盟しており、すべての都道府県に被害者支援センターが存在している。また、特に都道府県の公安委員会から指定を受けた団体は「犯罪被害者等早期援助団体」として、警察情報に基づいて被害者に接触することができるので、被害直後からの介入が可能である。

これらの民間被害者支援団体では、電話や面接による相談、司法手続などの情報の提供、警察・病院・法廷などへの付添い、心理カウンセリングなどを提供しており、警察に相談をしていない性暴力被害者も相談することができる。しかし、ほとんどのセンターが、24時間のサービスではないため、夜間の性暴力の被害者への急性期介入ができないことや、性暴力被害者に特化したサービスや産婦人科医療機関との連携が不十分な面がある。

性暴力被害者に特化した支援機関としては、東京強姦救援センター（１９９３）などの相談機関があったが、日本では、欧米や韓国で見られるワンストップ支援センター（あるいは rape crisis center）などの24時間の相談、証拠採取や事情聴取、司法支援などを包括的に行う支援機関がほとんどない状態が続いていた。現在日本では、警察に届け出た性暴力被害者では、産婦人科での診断書料や治療費、緊急避妊、妊娠中絶などの費用の公費負担などの支援が受けられるが、前述したように性暴力被害者で警察に届ける割合は極めて低いため、大多数はこのサービスを受けることができない。そのために、民間の支援機関であるワンストップ支援センターの存在は極めて重要であると言える。日本では最初に述べたように、２０１０年から警察のモデル事業や民間病院でのワンストップ支援センターが徐々に作られるようになってきている。

2．被害後急性期の支援

被害直後では、被害者はショックを受け、出来事を現実と受け止められず、混乱した状態にある（Litz & Gray, 2004）。トラウマ周辺期解離（peritraumatic dissociation）が生じることも少なくない（Marmar et al., 1997）。実際に、警察庁の調査（警察庁 2003）では、被害者の約40％が被害直後の精神状態について「痛みや感情を感じなかった」、「妙に自分が冷静だと思った」と回答していた。このような状態にある被害者に対しては、専門的な心理カウンセリングではなく、心理的応急処置（psychological first aid, PFA）のような非侵襲的で現実の被害者のニーズに即した人道的支援が求められる。ＰＦＡは、災害時急性期の支援として開発されたものであるが、①実際に役立つケアや支援を提供する、②ニーズや心配事を確認する、③生きていくうえでの基本的ニーズ（食糧、水、情報など）を満たす手伝いをする、④話を聞く、ただし話すことを無理強いしない、⑤安心させ、心を落ち着けるように手助けする、⑥その人が情報やサービス、社会的支援を得るための手助けをする、⑦それ以上の危害を受けないようにする　を原則とし、被害者（被災者）の現実的な心配や問題の解決を助けるとともに，精神的安定や自律感の回復をすすめるものである（WHO, War Trauma Foundation and World Vision International, 2011）。

このような介入の背景には，過去においてPTSD予防の目的で，被災（被害）直後から体験を詳細に語るような心理的デブリーフィングが行われてきたが，メタアナリシス（van Emmerik et al., 2002）では，PTSDの予防としては有効ではないことが示されている。しかし，PFAは基本的には災害やテロなどの集団での被害に対応したものであるため，犯罪被害者には司法手続も含めた支援が必要であると考えられる。われわれは，被害者支援の現場でも使用できる心理社会支援ガイドラインをデルファイ法を用いたエキスパートコンセンサスによって作成した（「犯罪被害者に対する急性期心理社会支援ガイドライン」（http://www.ncnp.go.jp/nimh/seijin/www/kyusei.html））。このガイドラインでは，性暴力被害者に特有の問題への配慮もとりあげている。

具体的には，「警察に被害の通報をしていない性暴力被害者に対しては，警察での支援についての情報提供が必要である」，「警察への届け出をためらっている性暴力被害者に対しては，告訴期限がないことから，後で届け出ることが可能であることも伝える必要がある」，「警察に届け出をしていない性暴力被害者には，状況を確認した上で，産婦人科等医療機関への受診を勧めることが必要である」などである。しかし，被害後急性期で，このような情報提供をされても，なかなか被害者は理解や判断ができないことがある。そのため支援者がブックレット等を用いて後で検討できるようにすることが望ましい（参考：性暴力被害者のための支援情報ハンドブック「一人じゃないよ」（http://www.ncnp.go.jp/nimh/seijin/www/pdf/shiryo_hitorijanaiyo.pdf））。

3．被害後慢性期での支援

被害からどれくらいを急性期というのかについて明確な定義があるわけではなく、個々人の置かれた状況によって異なると考えられるが、被害後病院やレイプ被害者支援機関に訪れた性暴力被害者のＰＴＳＤの有病率の時間経過についての研究では、被害後1週間では94％の対象者がＰＴＳＤ診断を満たしていたが、４週間後は64％となり、９－12週間後では41－49％と半分以下になっていた。ＰＴＳＤがすべての指標になるわけではないが、３か月－４か月で有病率の変化が乏しくなることから、３か月程度までは症状の変動が大きいがその後、慢性化し、自然回復が見られにくくなると考えられる。

全米併病率調査（National Comobidity Survey）（Kessler et al., 1995）では、生存分析からトラウマ体験後12か月で急速にＰＴＳＤの有病率が低下するが、その後はフラットになっていくことを示していた。救命救急外来に搬送されたトラウマ体験者の縦断調査では、56％は5か月の間に回復したが、27％は15か月かかって回復し、17％は調査期間中には回復が見られなかったことが明らかにされた（Galatzer-Levy et al., 2013）。これらの研究の結果からは、３－５か月くらいに自然な回復が促進されるものの、それ以降は慢性化していくことが考えられる。急性期の介入は自然な回復を促進するに焦点をあてていたが、慢性期では、ＰＴＳＤやうつ病などの専門的治療を必要とする状態であると考えられる。ＰＴＳＤについては、投薬やトラウマに焦点を当てた認知行動療法が有効である（Foa, 2009）ことが示されていることから、これらの治療が受けられる医療機関等を被害者が受診することが必要になる。

しかし、一般的にも症状があっても精神科医療機関を受診する人の割合は多くない。なんらかの不安障害の既往がある人で、過去に医療機関を受診した人の割合は、28・3％であった（川上 2007）。内閣府の調査では、過去30日間に「精神的な悩みがあった」と回答した人の中で、医療機関に通った人は13％に過ぎなかったが、性暴力被害者では37％が受診していたことから、被害者のほうが医療機関を受診する傾向にあると言える。被害者の援助希求行動（help-seeking behavior）の促進要因として、性暴力の被害、女性であることやPTSD等精神障害の症状が重症であることが挙げられている（McCart et al., 2010）こととも一致している。さらに、家族等から十分なサポートがあることや、非専門家のサポートネットワークがあることも促進要因として働いている一方、恥やスティグマ、サポートの受容感が乏しいこと、資源の乏しさやアクセスの困難、費用の問題は妨害因子となっていた（McCart et al., 2010）。医療を必要とする被害者の受診率を増やすためには、まず、被害者が必要な支援をうけることと、そこから被害者がかかわる機関同士の連携により、適切に医療機関につないでいくことが必要であると考えられる。

第5節　性暴力被害者への支援の課題

性暴力被害者は、PTSD等精神障害の問題だけでなく、QOLの低下、自殺行動の増加、物質乱用の問題などさまざまな困難を抱えている。このような状態にある被害者が必要な支援や治療を受けるためには、①支援機関・治療機関の充実、②被害者が支援を受けやすい社会環境の整備が必要であると考えられる。

1. 支援機関・治療機関の充実

犯罪被害者への支援機関としては、警察の犯罪被害者支援室や、都道府県、市町村の犯罪被害者相談窓口、全国被害者支援ネットワークに加盟している犯罪被害者支援機関、あるいはその他の民間の被害者支援機関などが存在している。このうち警察および全国被害者支援ネットワークに所属する支援機関はすべての都道府県に存在していることから、どの地域の被害者でも利用可能ではある。しかし、警察の支援室は、警察への相談をためらう性暴力被害者では利用の敷居が高い。また、全国被害者支援ネットワーク加盟団体の多くは前述したように平日等相談の時間が限られていたり、また都道府県に一つしかない地域ではアクセスが良くないなどの問題がある。都道府県や市町村の相談窓口も同様であり、また特に市町村の相談はすべての地域にあるわけではない。

性暴力被害者相談に特化した24時間利用できるワンストップセンターは、性暴力被害者にとって利用しやすい機関であると言えるが、まだ数が少ない。さらに、被害者の身近に必ずしも存在していない。現状では、一つの機関がすべてをまかなうことができないことから、これらの地域の支援機関が有機的な連携をとって、数少ない資源をうまく利用できるネットワークを形成することが重要であると考えられる。

ＰＴＳＤ等の精神障害に対応する精神科医療機関については、薬物療法であればほぼどこの機関も対応可能であるが、トラウマに焦点を当てた認知行動療法等については、必ずしもどこの精神科医療機関でも受けられるわけではないため、これらの治療技法や治療機関の普及が必要である。

2.　被害者が支援を受けやすい社会環境・システムの整備

性暴力被害者の相談を妨げる要因に、被害者に対する偏見や二次被害の問題がある。性暴力被害については、強姦神話に代表される社会通念が存在し、被害者が批難を恐れて相談をためらったり、また自分自身を責めてしまうような現状があることも指摘されている（小林 2008）。

また、警察や産婦人科などの初期対応機関で被害者が傷ついてしまう二次被害（secondary victimization）がある。キャンベルら（Campbell et al., 1999）は、性暴力被害者で見知らぬ人以外からの被害（顔見知り、知人、家族等）を受けた人では、医療や司法での支援を受けることが少ないだけでなく、このような関係者から責められる体験が多く、トラウマ症状がより強いことを報告している。われわれの研究でも、二次被害を受けたと感じた度合いが強いことが精神疾患の存在と関連していた（中島ら 2009）。したがって、性暴力被害者に接する機関が被害者の心理を理解し、適切な対応を行うことが、精神健康の悪化を防ぐ上でも重要であると考えられる。実際、トラウマ後のソーシャルサポートの存在は、ＰＴＳＤの防御因子として働くことが報告されている（Ozer et al., 2003）。警察、検察、医療機関等犯罪被害者等に関わる機関の職員が被害者の心理や対応についての研修を受けることは、犯罪被害者等基本計画の施策の一つであるが、まだ十分に実施しているとはいえず、今後の検討課題であるといえる。

必要とする被害者が精神医療を十分に受けられていない問題の背景として、費用の問題も挙げられる。内閣府の調査では、性暴力被害者で現在の生活の困難があると回答した割合は、28・1％であったが、そのうち加害者から示談金等があったのは21・1%であり、保険給付で最も多かった自動車保険（犯罪被害特約等と思われる）が14%にすぎなかった。警察への届け出が必要なため犯罪被害者等給付金の受給は3・5%のみであった。経済的困難を抱えた性暴力被害者にとっては、長期の通院の必要な精神医療の医療費や交通費、医療保険の適応外であるカウンセリングの費用などは負担となる可能性がある。このような背景を踏まえて警察庁では、犯罪被害等給付金で賄われないカウンセリング等の費用の公費負担の在り方を検討するために「犯罪被害者の精神的被害の回復に資する施策に関する研究会」が開催され、この研究会の提言をもとに警察庁犯罪被害者支援推進計画に、カウンセリング費用の公費負担制度の全国展開が図られることになった。

第6節　まとめ

性暴力被害者への支援について、国際的な動向と性暴力被害の影響の実態、日本における支援の現状・課題について概括した。トラウマについて精神医学・心理学的な研究はこの20年の間に目覚ましく進歩し、特にPTSDの治療については、国際学会や各国におけるガイドラインが示され、有効な治療が提供できる段階になっている。しかし、問題は犯罪被害者の回復に、これらの研究の成果がすぐに結びつかないことにある。今後の課題は、これらの先端的な治療等における研究の成果が、被害者支援の現場にどのように普及され、かつ被害者が実際に利用できる形で行えるかである。被害者支援の推進には、PTSDなどの精神障害についての研究だけでなく、サービスの普及や利用、援助希求行動に関する社会学、保健学、福祉関連の分野における研究もまた、共同した形で推進される必要があると思われ、研究者同志の連携もまた今後の課題としてあげられよう。

［引用文献］

American Psychiatric Association (2013). *Diagnostic and Statistical Manual of Mental Disorders. Fifth ed.* Washington, DC: American Pscyhiatric Publicatioin.

Boudreaux, E., Kilpatrick, D. G., Resnick, H. S., Best, C. L., & Saunders, B. E. (1998). Criminal victimization, posttraumatic stress disorder, and comorbid psychopathology among a community sample of women. *Journal of Traumatic Stress,* **11** (4), 665–678.

Breslau, N., Kessler, R. C., Chilcoat, H. D., Schultz, L. R., Davis, G. C., & Andreski, P. (1998). Trauma and posttraumatic stress disorder in the community: The 1996 Detroit Area Survey of Trauma. *Archives of General Psychiatry,* **55**(7), 626–632.

Campbell, R., Sefl, T., Barnes, H. E., Ahrens, C. E., Wasco, S. M., & Zaragoza-Diesfeld, Y. (1999). Community services for rape survivors: Enhancing psychological well-being or increasing trauma? *Journal of Consulting and Clinical Psychology,* **67** (6), 847–858.

Ehlers, A., & Clark, D. M. (2000). A cognitive model of posttraumatic stress disorder. *Behaviour Research and Therapy,* **38** (4), 319–345.

Fairbrother, N., & Rachman, S. (2004). Feelings of mental pollution subsequent to sexual assault. *Behaviour Research and Therapy,* **42**(2), 173–189.

Foa, E. B., Keane, T. M., Friedman, M. J., & Cohen, J. A. (2009). *Effective Treatment of PTSD. Second ed.* New York: Guilford Press.

Galatzer-Levy, I. R., Ankri, Y., Freedman, S., Israeli-Shalev, Y., Roitman, P., Gilad, M., & Shalev, A. Y. (2013). Early PTSD symptom trajectories: Persistence, recovery, and response to treatment: Results from the Jerusalem Trauma Outreach and Prevention Study (J-TOPS). *PLoS One,* **8**(8), e70084.

Golding, J. M. (1994). Sexual assault history and physical health in randomly selected Los Angeles women. *Health Psychology,* **13**(2), 130–138.

法務省法務総合研究所編（2012).『平成24年度版 犯罪白書――刑務所出所者等の社会復帰支援』東京：日経印刷

法務省法務総合研究所編（2013).『犯罪白書〈平成25年版〉女子の犯罪・非行――グローバル化と刑事政策』東京：日経印刷

Janoff-Bulman, R. (1992). *Shattered Assumptions: Towards a new psychology of trauma.* New York: Free Press.

川上憲人（2007).「こころの健康についての疫学調査に関する研究」主任研究者川上憲人『平成16～18年度厚生労働科学研究費補助金(こころの健康科学研究事業)こころの健康についての疫学調査に関する研究総合研究報告書』1-21頁

警察庁（2003).『犯罪被害者実態調査報告書の概要について』東京：Retrieved from http://www.npa.go.jp/higaisya/higaisya7/031218taisakushitu.pdf.

Kessler, R. C., Sonnega, A., Bromet, E., Hughes, M., & Nelson, C. B. (1995). Posttraumatic stress disorder in the National Comorbidity Survey. *Archives of General Psychiatry,* **52**(12), 1048–1060.

Kilpatrick, D. G., & Acierno, R. (2003). Mental health needs of crime victims: Epidemiology and outcomes. *Journal of Traumatic Stress,* **16**(2), 119–132.

Kilpatrick, D. G., Acierno, R., Resnick, H. S., Saunders, B. E., & Best, C. L. (1997). A 2-year longitudinal analysis of the relationships between violent assault and substance use in women. *Journal of Consulting and Clinical Psychology,* **65**(5), 834–847.

Kilpatrick, D. G., Edmunds, C. N., & Seymour, A. K. (1992). *Rape in America: A report to the nation* (*Vol. 16*). Arlington, VA: National Victim Center & Medical University of South Carolina.

Kilpatrick, D. G., Saunders, B. E., Amick-McMullan, A., Best, C. L., Veronen, L. J., & Resnick, H. S. (1989). Victim and crime factors associated with the development of crime-related post-traumatic stress disorder. *Behavior Therapy,* **20**(2), 199–214.

小林美佳（2008).『性犯罪被害にあうということ』東京：朝日新聞出版

Litz, B. T., & Gray, M. J. (2004). Early intervention for trauma in adults: A framework for first aid and secondary prevention.

In B. T. Litz (Ed.), *Early Intervention for Trauma and Traumatic Loss*. New York: Guilford Press, pp. 87–111.

Marmar, C. R., Weiss, D. S., & Metzler, T. (1997). The peritraumatic dissociative experiences questionnaire. In J. P. Wilson & T. M. Keane (Eds.), *Assessing Psychological Trauma and PTSD*. New York: Guilford Press, pp. 412–428.

McCart, M. R., Smith, D. W., & Sawyer, G. K. (2010). Help seeking among victims of crime: A review of the empirical literature. *Journal of Traumatic Stress*. **23**(2), 198–206.

Merikangas, K. R., Ames, M., Cui, L., Stang, P. E., Ustun, T. B., Von Korff, M., & Kessler, R. C. (2007). The impact of comorbidity of mental and physical conditions on role disability in the US adult household population. *Archives of General Psychiatry,* **64**(10), 1180–1188.

内閣府男女共同参画局（2012).『男女間における暴力に関する調査報告書』東京：内閣府男女共同参画局

内閣府犯罪被害者等施策推進室（2009).『平成20年度犯罪被害類型別継続調査　調査結果報告書』東京

内閣府犯罪被害者等施策推進室（2010).『平成21年度犯罪被害類型別継続調査　調査結果報告書』東京

中島聡美・白井明美・真木佐知子・石井良子・永岑光恵・辰野文理・小西聖子（2009).「トラウマの心理的影響に関する実態調査から——犯罪被害者遺族の精神健康とその回復に関連する因子の検討」『精神神経学雑誌』１１１巻４号、４２３-４２９頁

Ozer, E. J., Best, S. R., Lipsey, T. L., & Weiss, D. S. (2003). Predictors of posttraumatic stress disorder and symptoms in adults: A meta-analysis. *Psychological Bulletin,* **129**(1), 52–73.

Rees, S., Silove, D., Chey, T., Ivancic, L., Steel, Z., Creamer, M., Teesson, M., Bryant, R., McFarlane, A. C., Mills, K. L., Slade, T., Carragher, N., O'Donnell, M., & Forbes, D. (2011). Lifetime prevalence of gender-based violence in women and the relationship with mental disorders and psychosocial function. *JAMA,* **306**(5), 513–521.

瀬川　晃（2000).「被害者支援の歩み」宮澤浩一・國松孝次監修『講座被害者支援１　犯罪被害者支援の基礎』東京：東京法令出版、41-91頁

Tomasula, J. L., Anderson, L. M., Littleton, H. L., & Riley-Tillman, T. C. (2012). The association between sexual assault and suicidal activity in a national sample. *School Psychology Quarterly,* **27**(2), 109–119.

van Emmerik, A. A., Kamphuis, J. H., Hulsbosch, A. M., & Emmelkamp, P. M. (2002). Single session debriefing after psychological trauma: A meta-analysis. *Lancet,* **360**(9335), 766–771.

Waldrop, A. E., Hanson, R. F., Resnick, H. S., Kilpatrick, D. G., Naugle, A. E., & Saunders, B. E. (2007). Risk factors for suicidal behavior among a national sample of adolescents: Implications for prevention. *Journal of Traumatic Stress,* **20**(5), 869–879.

World Health Organization (2003). Guidelines for medico-legal care of victims of sexual violence. Geneva: World Health Organization.

World Health Organization, War Trauma Foundation and World Vision International (2011). *Psychological First Aid: Guide for field workers.* Geneva: World Health Organization.

Yap, M. B., Reavley, N. J., & Jorm, A. F. (2013). Associations between stigma and help-seeking intentions and beliefs: Findings from an Australian national survey of young people. *Psychiatry Research,* **210**(3), 1154–1160.

第2章
警察における臨床実践

上田　鼓

第1節　警察における性犯罪被害者支援の現状

犯罪被害者支援に携わる警察部内のカウンセリング専門職員の存在は、まだ馴染みが薄いかもしれない。しかし、現在では、各都道府県警察において、犯罪被害者支援全般を担当する部署である犯罪被害者支援室に、犯罪被害者（ご遺族を含む）の心情や対応方法について心理学的な知識・技術をもった専門職員（以下、「被害者カウンセラー」という）を配置したり、部外の精神科医や臨床心理士などの専門家に委嘱をさせていただいたりし、カウンセリング体制を整備している。

数々の犯罪被害の中でも、性犯罪被害者は自分が被害に遭った事実を知られることに抵抗感を抱くことなどから、これまでは、犯罪被害者の声が公になりにくく、実態が十分に明らかにされてこなかった。そして、民間被害者支援団体設立の中心となってきた殺人・交通事故の犯罪被害者への支援と比較して、支援が不十分になっていたという指摘もある。

しかし、最近では、自らが性犯罪被害者であることを公にして自らの体験を基に性犯罪被害の現状や支援の必要性を訴える犯罪被害者が現れてきている。また、民間被害者支援団体における性犯罪被害者に特化した相談電話や性暴力救援のためのワンストップ支援センターの開設など、性犯罪被害者への支援は徐々に広がりを見せているといえるだろう。犯罪被害の臨床現場においても、比較的多い相談件数のひとつを占めているのは性犯罪であり、性犯罪被害者への支援のあり方を考えることは、犯罪被害者支援の現在を議論する上でも欠くことができない。

本稿では、警察の性犯罪被害者支援の中でも被害者カウンセラーが携わる被害者カウンセリングの現状を概観するとともに、筆者の被害者カウンセラーとしてのこれまでの臨床実践および現在の職務から得られた経験を基に、心理専門家による早期の性犯罪被害者支援について考察したい。

なお、本稿中、意見についての部分は私見であり、文責はすべて筆者にあることをお断りしておく。

1．警察における性犯罪被害者支援

図2-1に平成17（2005）年から平成26（2014）年における強姦の認知・検挙状況の推移、図2-2に同時期の強制わいせつの認知・検挙状況の推移を示す。これらの図から、強姦および強制わいせつともに、平成17（2005）年から平成23（2011）年にかけて、認知件数は連続して減少もしくは減少傾向にあったが、平成24（2012）年から平成25（2013）年にかけては増加していることが分かる。

これら強姦、強制わいせつ等の性犯罪は、身体的のみならず精神的にも極めて重い被害を与えるものであり、警察では、従来から殺人、強盗等と並んで性犯罪を重要犯罪として捉え、その捜査に力を入れてきた。一方で、捜査の過程において犯罪被害者に精神的負担を与えたり、精神的なショックや羞恥心により警察に被害申告をためらう性犯罪被害者が少なくなく、被害の潜在化や拡大化を招いたりすることから、警察では、性犯罪被害者の精神的負担の軽減、被害の潜在化の防止を図るため、各種施策を推進している（警察庁 2015）。

これらの施策のうちのいくつかを紹介する。

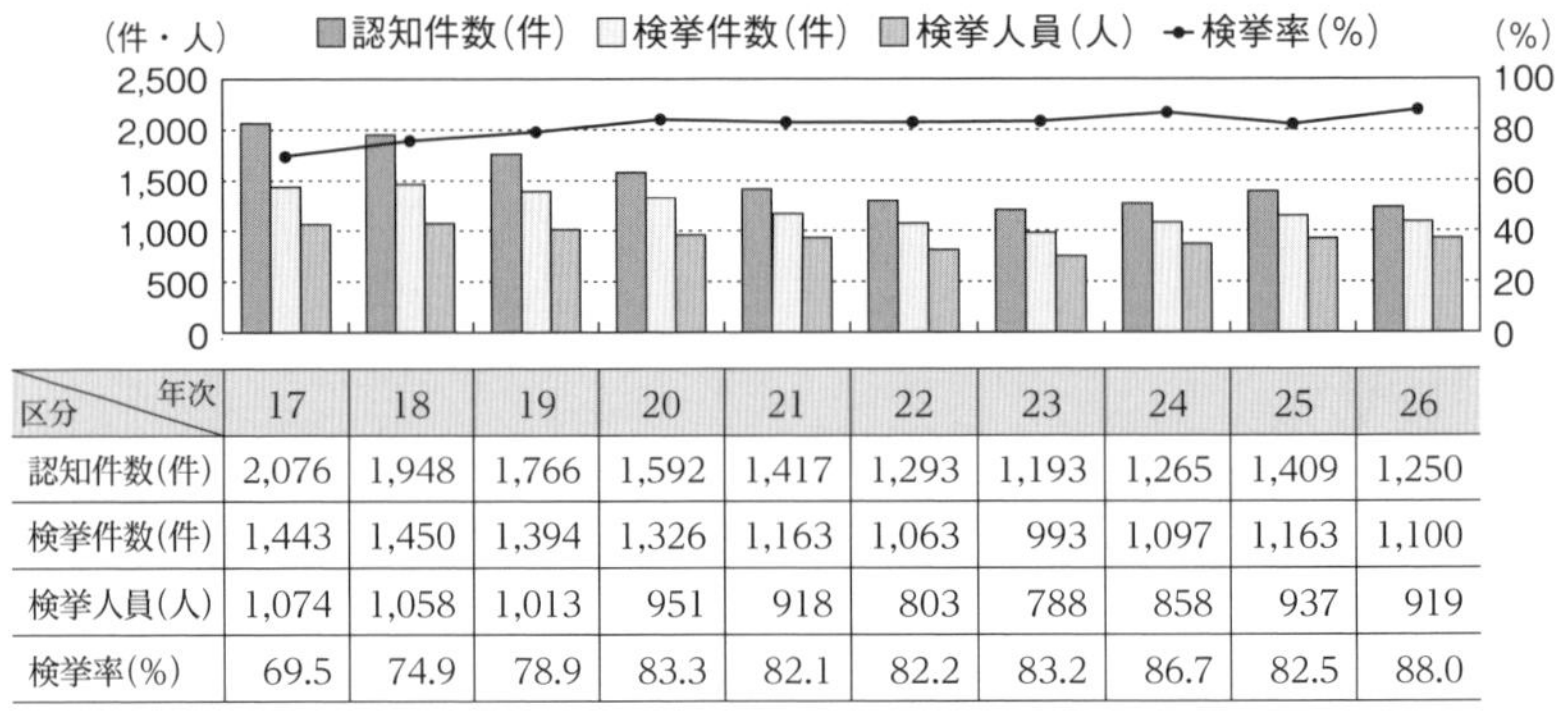

区分 ＼ 年次	17	18	19	20	21	22	23	24	25	26
認知件数(件)	2,076	1,948	1,766	1,592	1,417	1,293	1,193	1,265	1,409	1,250
検挙件数(件)	1,443	1,450	1,394	1,326	1,163	1,063	993	1,097	1,163	1,100
検挙人員(人)	1,074	1,058	1,013	951	918	803	788	858	937	919
検挙率(%)	69.5	74.9	78.9	83.3	82.1	82.2	83.2	86.7	82.5	88.0

注：20年～24年の数値は、26年8月1日現在の統計等を基に作成。
※　認知件数とは、警察において発生を認知した事件の数をいう。
※　検挙件数とは、刑法犯において警察で検挙した事件の数をいい、特に断りのない限り、解決事件の件数を含む。
※　検挙人員とは、警察において検挙した事件の被疑者の数をいい、解決事件に係る者を含まない。
※　検挙率とは、認知件数に対する検挙件数の割合を次のとおり計算して百分比で表したものをいう。

$$\frac{\text{検挙件数（当該年以前の認知事件の検挙を含む。）}}{\text{当該年の認知件数}} \times 100$$

図2−1　強姦の認知・検挙状況の推移（平成17年～平成26年）（国家公安委員会・警察庁，2015）

①　性犯罪被害相談窓口の設置

各都道府県警察では、性犯罪に係る被害や捜査に関する相談を受け付ける「性犯罪被害110番」などの相談電話や性犯罪被害に関する相談に応じる窓口を設置し、女性警察官等が相談に応じている。

②　交番等における女性の安全対策の推進

性犯罪の被害に遭いやすく、これに対する不安感の強い一人暮らしの女性等の安全対策を推進するため、地域の特性、犯罪発生状況等を勘案して交番に女性警察官を配置し、女性警察官が来訪、電話等による女性からの相談や被害の届け出への対応を行うほか、相談者の要望に応じてパトロール、家庭訪問などを行っている。

また、鉄道警察隊においては、女性警察官の配置、交番に配置された女性警察官との連携等を実施し、列車内における痴漢行為や性犯罪に

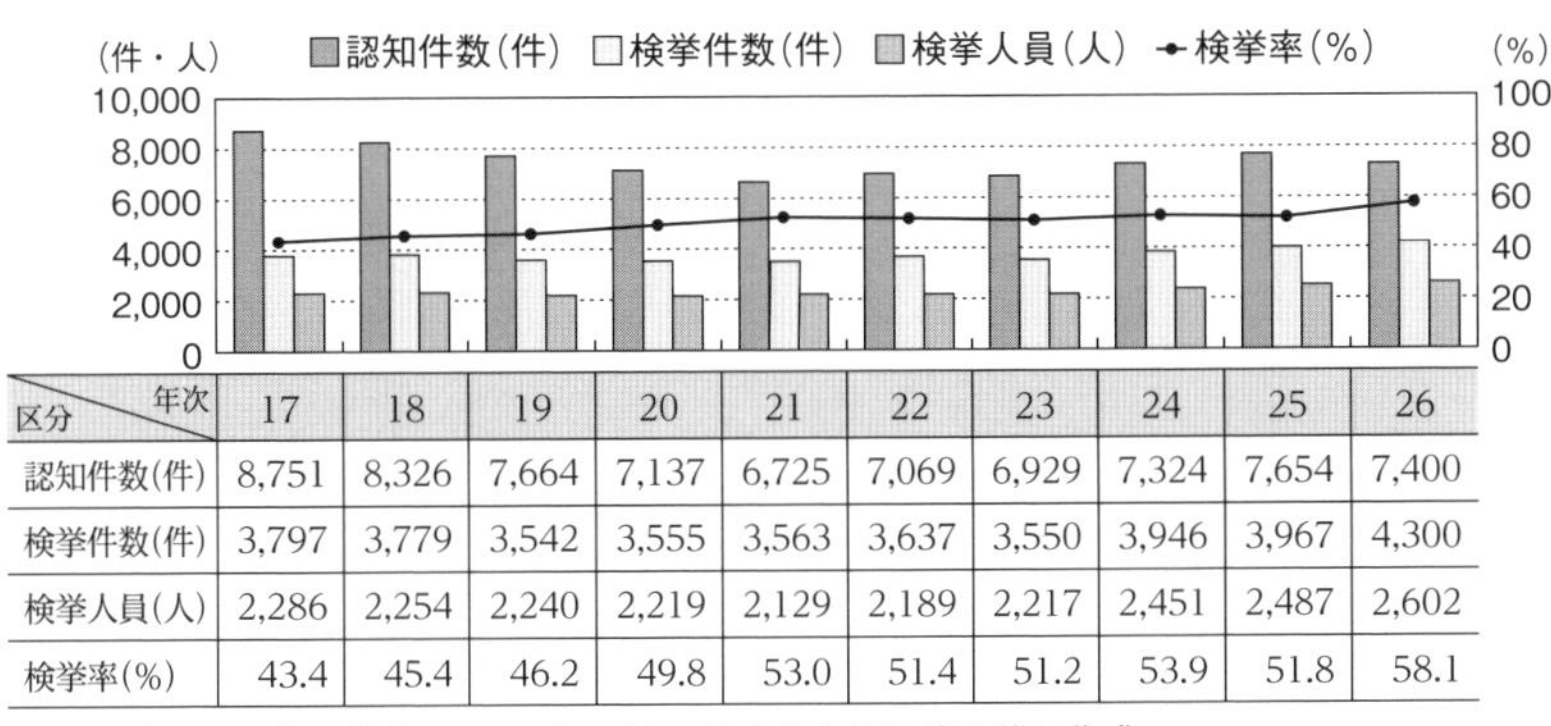

区分＼年次	17	18	19	20	21	22	23	24	25	26
認知件数(件)	8,751	8,326	7,664	7,137	6,725	7,069	6,929	7,324	7,654	7,400
検挙件数(件)	3,797	3,779	3,542	3,555	3,563	3,637	3,550	3,946	3,967	4,300
検挙人員(人)	2,286	2,254	2,240	2,219	2,129	2,189	2,217	2,451	2,487	2,602
検挙率(%)	43.4	45.4	46.2	49.8	53.0	51.4	51.2	53.9	51.8	58.1

注：20年～24年の数値は、26年8月1日現在の統計等を基に作成。

図2-2　強制わいせつの認知・検挙状況の推移（平成17年～平成26年）（国家公安委員会・警察庁，2015）

ついての女性からの相談、被害の届け出に適切に対応しているほか、来訪、電話等による女性からの相談への対応、被害の届け出の受理を行うとともに、被害の実態や発生状況に応じ、性犯罪被害者に同行して通勤電車へ乗るなどの警戒活動を行っている。

③ 警察施設等の整備・改善

性犯罪被害者等の事情聴取に当たっては、その心情に配意し、応接セットを備えたり、内装を改善した部屋を利用できるようにするなどして、性犯罪被害者等が安心して事情聴取に応じられるよう施設の改善に努めている。また、性犯罪被害者等のプライバシー保護などに配意しながら必要な事情聴取や実況見分が行えるよう移動式犯罪被害者用事情聴取室ともいえる「被害者支援用車両」を導入して性犯罪被害者等からの相談や届け出の受理、事情聴取等に活用している。

④ 再被害防止対策

性犯罪被害者等は、加害者から再び危害を加えられるのではないかという不安を持っており、性犯罪被害者等の中には、いわゆる「お礼参り」などを恐れて届け出を躊躇し、泣き寝入りするなどのケースが見受けられる。性犯罪被害者等が警察に安心して届け出ができるようにするためには、このような不安を解消し、性犯罪被害者等が加害者から再び危害を加えられないようにすることが警察に求められている。

そこで警察では、性犯罪被害者等との連絡を密にし、必要な助言を行うとともに、状況に応じて自宅や勤務先における身辺警戒やパトロールの強化、緊急通報装置の貸し出しなど、性犯罪被害者等への危害を未然防止するため、種々の対策を講じている。

⑤ 性犯罪被害者に対する医療費等の公費負担制度

性犯罪被害者の負担の軽減を図ることを目的として、その被害に係る初診料、診断書料、緊急避妊費用などについて、その費用を公費により負担する制度を各都道府県警察において運用している。これにより、被害申告を受けるなどして、潜在化している同種事案の拡大防止も図っている。

また、警察庁では、平成28（2016）年度予算において、犯罪被害者に対し、被害者が選択した精神科医・臨床心理士等によるカウンセリング費用を支出する、カウンセリング費用の公費負担制度に要する経費を措置し、制度の全国展開を図っている。

⑥ 女性警察官による捜査

性犯罪被害者が捜査の過程において受ける精神的負担を少しでも緩和するためには、性犯罪被害者の望む性別の警察官によって対応することが必要である。

このため、各都道府県警察では、警察本部の性犯罪捜査指導係や警察署の性犯罪捜査を担当する係への女性警察官の配置を進めるとともに、性犯罪が発生した場合に捜査に当たる性犯罪捜査員として女性警察官を指定している。

これらの女性警察官は、性犯罪被害者からの事情聴取をはじめ、証拠採取、証拠品の受領、病院等への付添い、捜査状況の連絡など、性犯罪被害者に関わるさまざまな業務に従事している。

⑦　証拠採取における配意

性犯罪の被害を受けた場合、その証拠となるものが性犯罪被害者の身体や衣類に残されていることが多く、その痕跡が失われないよう、被害直後に証拠の採取や衣類の提出が必要となることがある。

しかし、被害直後のショックや羞恥心から、これを負担に感じる性犯罪被害者も少なくないことから、各都道府県警察では、そのような負担をかけずに採取を行えるよう、採取要領を定めたほか、採取に必要な用具、性犯罪被害者の衣類を預かる際の着替えなどを整備している。また、被害状況の確認をする必要がある場合には、ダミー人形を用いるなど、事件の再現により性犯罪被害者が感じる精神的負担の軽減を図っている。

さらに、事件発生時における迅速かつ適切な診断・治療を行うほか、証拠採取や女性医師による診断などを行うため、産婦人科医師会等とのネットワークを構築し、連携強化に努めている。

⑧　カウンセリングによる精神的負担の軽減

性犯罪被害者からの事情聴取に際し、犯罪により大きな精神的被害を受けた性犯罪被害者に対しては、心理学的立場からの専門的なカウンセリングが必要となることがある。そこで、警察では、被害者カウンセラーの配置、精神科医、民間のカウンセラーとの連携などにより、性犯罪被害者等のための相談・カウンセリング体制を整備している。

⑨　指定被害者支援要員制度

事件を立件する上で、性犯罪被害者の協力が不可欠であることなどから、性犯罪被害者に対する支援活動は事件発生直後から必要となる。そこで、性犯罪被害者の支援をはじめとした専門的な犯罪被害者支援が必要とされる事案が発生したときに、あらかじめ指定された警察職員が各種被害者支援活動を推進する「指定被害者支援要員制度」が各都道府県警察で導入されている。

⑩ 性犯罪捜査指導官等の設置

都道府県警察では、警察本部に「性犯罪捜査指導官」および「性犯罪捜査指導係」を設置し、性犯罪の捜査の指導・調整、発生状況の集約、専門捜査官の育成などを行っている。

2. 他機関との連携による支援

A. 民間被害者支援団体

警察における支援は以上のようにさまざまな分野で実施されている。しかし、犯罪被害者のニーズは、捜査関連のことから、住居の問題、法律に関わる問題、精神面での悩みなど多岐にわたっており、すべてを警察だけで対応するのは困難である。その問題を解決するべく、現在では、すべての都道府県に民間の被害者支援団体が設立されている。民間被害者支援団体は、一般に行政機関よりも柔軟な対応が可能である。例えば、警察では捜査活動に並行しての支援であることから長期にわたる支援が困難な場合もあるが、民間被害者支援団体であれば、長期的な支援を行うことができる。また、警察には相談することを躊躇する犯罪被害者が、民間の支援団体だからこそ相談できる場合もあるだろう。よって、警察では、これらの団体で提供する支援や自治体などの他機関による支援と警察の支援をうまく組み合わせて、さまざまなニーズに応え、漏れのない支援を行うよう心掛けている。

なお、民間被害者支援団体の詳細については、第3章を参照されたい。

B．ワンストップ支援センター

性犯罪被害者は、さまざまな手続をしたり、支援を受けたりするために、いくつもの支援機関などそれぞれの窓口に赴かなくてはならない上、時には心ない言葉を掛けられるなど二次的な被害に遭う可能性もある。それらが原因で届け出をためらう犯罪被害者もいるだろう。性犯罪被害者の負担を軽減することや性被害が潜在化することによる被害の拡大を防止することは重要な課題である。

第2次犯罪被害者等基本計画では、ワンストップ支援センターの設置促進が掲げられ、当計画に基づき内閣府では、警察庁と愛知県警察による平成22（２０１０）年度の性犯罪被害者対応拠点モデル事業として設置された「ハートフルステーション・あいち」の検証結果や性犯罪被害者に対する聞き取り調査等を元に検討を重ね、「性犯罪・性暴力被害者のためのワンストップ支援センター開設・運営の手引」を作成した（内閣府 2012）。手引によると、ワンストップ支援センターは、「性犯罪・性暴力被害者に、被害直後からの総合的な支援（産婦人科医療、相談・カウンセリング等の心理的支援、捜査関連の支援、法的支援等）を可能な限り1か所で提供することにより、被害者の心身の負担を軽減し、その健康の回復を図るとともに、警察への届け出の促進・被害の潜在化防止を目的とするもの」である。

地方公共団体や民間団体等が設置・運営主体となり得、警察や病院等もワンストップ支援センターに係る共通の理解と認識を持ち、連携協力を行うことが求められており、警察では被害者のニーズに応じた支援を提供している。

3．被害者カウンセラーの活動

犯罪被害者への精神面の支援は警察における犯罪被害者支援活動のひとつである。ここからは，特に被害者カウンセラーの概要について述べたいと思う。

A．被害者カウンセラー配置の経緯と体制

犯罪被害者の精神的な問題について社会の関心が向けられるようになったのは，それほど昔のことではない。わが国では昭和55（1980）年に犯罪被害者に対する経済的支援を行う犯罪被害者等給付金支給法が制定されたのだが，その10年後の平成3（1991）年に開催された犯罪被害者等給付金支給法発足10周年を記念したシンポジウムにおいて，精神的支援の必要性が飲酒運転者によりご子息を亡くされた遺族である大久保恵美子さんによって強く指摘された。さらに，これを受けて犯罪被害者実態調査研究会が発足し，平成4～7（1992～1995）年にかけて，犯罪被害者や刑事司法関係実務家に対する調査が行われたものが「犯罪被害者の実態調査報告書」としてまとめられるに至った（宮澤ら 1996）。本調査の結果としては，警察の捜査過程に起因する犯罪被害者の二次的被害の問題や情報提供のニーズ等が指摘されている（被害者対策研究会 1998）。

犯罪被害者に対する警察の今後の対策については，平成6（1994）年10月に警察行政総合検討委員会に「被害者対策分科会」を設置して検討が進められ，財団法人犯罪被害救援基金の「警察の「被害者対策」に関する研究会」（座長：宮澤浩一・慶應義塾大学教授［当時］）による報告書の内容を踏まえ，平成8（1996）年

1月には警察庁が「被害者対策」の基本方針を取りまとめた。その中で、犯罪被害者が大きな精神的被害を受けていること、犯罪被害者を支援するシステムが整備されていないこと、警察への期待が大きいことなどを踏まえ、今後新たに講ずる施策のひとつとして、「被害者カウンセリング連絡体制等の整備」が掲げられ、警察内部でも、その実情に応じ、段階的に専門家の育成を図っていくこととした。また、被害少年への支援については、従来からある少年警察部門の事務として明確に位置付け、カウンセリングや相談活動等を進めることとした。

同年2月、警察庁では、警察が推進すべき被害者対策の基本方針を取りまとめた「被害者対策要綱」を策定し、警察における本格的な被害者対策への取り組みを始めるとともに、5月には、長官官房給与厚生課に犯罪被害者対策室（平成20［２００８］年7月、「犯罪被害者支援室」に改称）を設置し、各種施策の企画・調査のほか、全般的なとりまとめを行うこととなった。そして、各都道府県警察にも犯罪被害者対策をとりまとめる部門として犯罪被害者対策室等（現在は、「犯罪被害者支援室」等に改称）が設置された。また、被害者カウンセリングについては、まずは数警察本部において専門職員の配置や少年相談の充実等、犯罪被害者からの相談・カウンセリング体制が整備され、全国警察にも徐々に被害者カウンセラーが配置されていくようになった。

平成16（２００４）年には犯罪被害者等基本法が公布され、基本法第8条に基づき、国等が行うべき犯罪被害者支援施策を網羅した第2次犯罪被害者等基本計画が平成23（２０１１）年3月に閣議決定された。そしてこの計画では、警察における性犯罪被害者に対するカウンセリングの充実を図ることが、重要な課題として位置付けられている。警察庁ではこの流れを受けて、平成24（２０１２）年４月、警察庁犯罪被害者支援室にカウンセリング指導係を新設した。現在筆者は、同係で臨床心理士としての観点から、全国警察のカウンセリング業務に関わる相談や指導を行うとともに各種の研修や会議等を実施することによって、警察における被害者カウンセリング体制の強化を図っている（表2-1）。

B．被害者カウンセラーの活動とその意義

多少の差はあるにせよ、警察におけるカウンセリングは、被害直後の極めて早期からの支援が可能である一方で、病院等他の臨床現場と比べると短期間で終わりを迎えるものである。また、相談へのモティベーションの高い人だけに限らず、広く被害者カウンセリング制度を知らしめ、さまざまな人に利用してもらうことが可能だという特徴もある。犯罪被害者の場合、被害直後に精神的問題を抱えていたとしても、自ら精神科クリニックを受診したり、相談機関を訪れたりすることのできる人ばかりではないことから、警察での手続と並行して受けられる被害者カウンセリング制度は非常に重要な位置を占めており、かつ重症化する前の早期介入が可能であるという点からも有効なものだと感じている。

各都道府県警察ではそれぞれの実情に合わせた形で被害者カウンセリング制度を運用しているため、まったく同じ体制を取っているわけではない。ここでは、筆者の経験に基づいた概要を説明する。

a．支援対象者と活動内容

都道府県警察によって異なるが、支援対象者は、殺人、強姦、強制わいせつ、死亡ひき逃げ事件などにより被害を受けた犯罪被害者、被害少年およびその家族であり、国外で発生した事案の犯罪被害者等を支援することもある。

さまざまな支援対象者の中でも、被害者カウンセラーが性犯罪被害者・被害少年を支援することはかなり多いというのが実態である。それには、さまざまな要因が考えられるが、ひとつには従来から指摘されているとおり、性犯罪被害者の心の傷が大きいことがあるだろう。また、性犯罪被害者は家族や友人に被害を打ち明けにくく、相談相手が身近に存在しないということもある。通学や仕事のために一人暮らしをしている場合は遠方に住む父や母を心配させたくないという思いがあったり、友人には知られたくない、過剰に気遣われたくないという思いがあったりして、打ち明けられず、第三者の支援を求めることもある。その他、性犯罪被害者の心情や置かれている状況、支援の必要性について、警察職員の認識が深まりつつあり、できるだけ支援につなげようとしていることも挙げられるだろう。

被害者カウンセラーは、捜査活動と並行して、担当する捜査員や指定被害者支援要員と協力して支援活動を行う場合が多い。面接や電話によるカウンセリング以外にも、犯罪被害者が警察における実況見分の立会い、被疑者の確認等を行う際に付き添ったり、検察庁における供述調書作成、裁判所における公判傍聴、証人出廷、意見陳述、被害者参加などの際にも付き添ったりする。その際には、犯罪被害者の要望を捜査員や検察官に伝え、犯罪被害者が二次的被害に遭わないよう配慮することもある。また、地方自治体、民間被害者支援団体、各都道府県における臨床心理士会、弁護士会などの他機関・他職種との連携や、支援のコーディネートも行っている。被害者カウンセラーがカウンセリングを担当し、民間被害者支援団体の犯罪被害者直接支援員が付添い支援を行うなど、役割分担をしながら支援に当たることも多い。

被害者カウンセラーによる支援期間は比較的短期間であるが、公判終了までなど状況に応じて、中・長期的に支援を行うことがある。被害者カウンセラーによる支援が終了となる時点においても、犯罪被害者の心の課題が解決されていなかったり、犯罪被害者自身が継続を希望する場合などより長期の支援が必要となる場合には、他

（表2-1のつづき）

年　月　日	出　　来　　事
11月19日	犯罪被害給付制度発足・犯罪被害救援基金設立20周年記念 第6回犯罪被害者支援フォーラム開催
14年1月31日	警察本部長等による犯罪の被害者等に対する援助の実施に関する指針公布（4月1日施行） 犯罪被害者等早期援助団体に関する規則公布（4月1日施行）
15年3月18日 10月3日	犯罪被害者対策国際シンポジウム2003開催 「全国被害者支援ネットワーク」が10月3日を「犯罪被害者支援の日」と定めて全国キャンペーンを実施
16年4月14日 6月2日 12月8日	改正児童虐待防止法公布（10月1日施行） 改正配偶者暴力防止法公布（12月2日施行） 犯罪被害者等基本法公布（平成17年4月1日施行）
17年12月27日	犯罪被害者等基本計画が閣議決定
18年4月1日 4月	犯罪被害給付制度改正（重傷病給付金支給要件緩和等） 犯罪被害者等基本計画に基づく3つの検討会（～19年11月）
19年6月1日 6月27日 7月11日 11月	改正児童虐待防止法公布（平成20年4月1日施行） 犯罪被害者等の権利利益の保護を図るための刑事訴訟法等の一部を改正する法律公布 改正配偶者暴力防止法公布（平成20年1月11日施行） 犯罪被害者等基本計画に基づく3つの検討会「最終取りまとめ」決定
20年4月18日 6月18日 7月1日	犯罪被害者等給付金の支給等に関する法律の一部を改正する法律公布（7月1日施行） オウム真理教犯罪被害者等を救済するための給付金の支給に関する法律公布（12月18日施行） 犯罪被害給付制度改正（重傷病給付金等への休業損害を考慮した額の加算等） 警察庁長官官房給与厚生課犯罪被害者対策室を犯罪被害者支援室に改名
21年9月11日	犯罪被害者等給付金の支給等による犯罪被害者等の支援に関する法律施行規則の一部を改正する規則公布（10月1日施行）
23年3月25日 4月1日 7月7日 7月15日 9月30日	第2次犯罪被害者等基本計画　閣議決定 財団法人犯罪被害救援基金が公益財団法人へ移行 警察庁において「犯罪被害者支援要綱」を制定　全国警察に通達 犯罪被害者等給金の支給等による犯罪被害者等の支援に関する法律施行規則の一部を改正する規則公布（7月15日施行） 民間被害者支援20年、犯罪被害救援基金・犯罪被害給付制度30年記念犯罪被害者支援フォーラム開催
25年6月12日 7月3日 7月3日	犯罪被害者等の権利利益の保護を図るための刑事手続に付随する措置に関する法律及び総合法律支援法の一部を改正する法律公布（12月1日施行） 配偶者からの暴力の防止及び被害者の保護に関する法律の一部を改正する法律公布（26年1月3日施行） ストーカー行為等の規制等に関する法律の一部を改正する法律公布（10月3日（一部7月23日）施行）
26年10月10日	犯罪被害者等給付金の支給等による犯罪被害者等の支援に関する法律施行規則の一部を改正する規則公布（11月1日施行）
27年9月11日	内閣の重要政策に関する総合調整等に関する機能の強化のための国家行政組織法等の一部を改正する法律公布（28年4月1日施行） ＊内閣府が担っている犯罪被害者支援に関する業務を国家公安委員会に移管

表2-1　犯罪被害者支援の経緯（警察庁，2015）

年　月　日	出　　来　　事
昭和49年8月30日	三菱重工ビル爆破事件 ＊同事件をめぐり犯罪被害給付制度の必要性が論議された
55年5月1日	犯罪被害者等給付金支給法公布
56年1月1日 5月21日	犯罪被害者等給付金支給法施行 財団法人犯罪被害救援基金設立
60年8月26日	「犯罪防止及び犯罪者の処遇に関する第7回国際連合会議」（～9月6日） ＊同会議において「犯罪及び権力濫用の被害者のための司法の基本原則宣言」を採択
平成2年11月17日	日本被害者学会設立
3年10月3日	犯罪被害給付制度発足10周年記念シンポジウム開催 ＊同シンポジウムにおいて被害者の精神的援助の必要性が指摘される
4年3月10日 4月	「犯罪被害者相談室」（東京）設立 犯罪被害者実態調査研究会による調査（7年3月報告書提出） ＊10周年記念シンポジウムでの指摘を受け、犯罪被害救援基金の委託研究として、犯罪被害者実態調査研究会（代表：慶應大学教授（当時）宮澤浩一）により実施された日本で初めての本格的な被害者の実態研究。これにより、警察の捜査過程における二次的被害の問題や情報提供のニーズ等が指摘される。
7年3月20日 6月	地下鉄サリン事件 ＊同事件をめぐり被害者が受ける精神的被害の深刻さが広く認識されるようになった。 「警察の被害者対策に関する研究会」による研究（～12月） ＊警察の被害者対策の在り方についての研究。これを参考として、警察庁が被害者対策に係る基本方針を策定。
8年1月11日 2月1日 5月11日	警察庁が犯罪被害者対策に関する基本方針を取りまとめ、国家公安委員会に報告 警察庁において「被害者対策要綱」を策定　全国警察に通達 警察庁長官官房給与厚生課に犯罪被害者対策室設置
10年5月9日	「全国被害者支援ネットワーク」設立
11年5月15日 5月26日 6月18日 11月11日	全国被害者支援ネットワークによる「犯罪被害者の権利宣言」発表 児童買春、児童ポルノに係る行為等の処罰及び児童の保護等に関する法律公布（11月1日施行） 犯罪捜査規範の一部を改正する規則公布・施行 政府に「犯罪被害者対策関係省庁連絡会議」設置
12年5月19日 5月24日 5月24日 12月6日	いわゆる犯罪被害者保護のための二法（「刑事訴訟法及び検察審査会法の一部を改正する法律」及び「犯罪被害者等の保護を図るための刑事手続に付随する措置に関する法律」）公布 児童虐待の防止等に関する法律公布（11月20日施行） ストーカー行為等の規制等に関する法律公布（11月24日施行） 少年法等の一部を改正する法律公布（13年4月1日施行）
13年4月13日 4月13日 7月1日	犯罪被害者等給付金支給法の一部を改正する法律公布（7月1日施行（一部を除く）） 配偶者からの暴力の防止及び被害者の保護に関する法律公布 犯罪被害給付制度改正（重傷病給付金の創設等）

機関に引き継ぐなど配慮している。

b．被害者カウンセリング実施までの流れ

平素から、都道府県警察本部の犯罪被害者支援室が中心となり、警察部内の各種の研修や資料等を通じて、職員には犯罪被害者の心理や被害者カウンセリング制度についての周知を図っている。そして、事件・事故発生時には、現場において、主に犯罪被害者に対応する警察官が研修等から得た知識を基に制度を説明し、犯罪被害者が希望した場合などに犯罪被害者支援室に被害者カウンセラーの派遣要請がなされるというのが主な流れである。

また、犯罪被害者に配布する「被害者の手引」や警察の各種パンフレット、ホームページ等にも制度を掲載していることから、犯罪被害者自らが制度を知り希望する場合や、犯罪被害者支援室に開設された犯罪被害者のための相談電話および「性犯罪被害１１０番」などへの本人からの架電をきっかけとしてカウンセリングが実施される場合がある。

時には、事件を担当した警察官から「先ほど発生した事件の支援をお願いしたい」との依頼が犯罪被害者支援室に入ることもある。事件発生数時間後に犯罪被害者に接触することもあり、日常の心理臨床の現場ではまず出会うことのない急性期の犯罪被害者に支援の介入を行うことができる点が特徴であるといえるだろう。

c．支援の枠組み

支援の枠組みは、その人の精神状態とニーズ、捜査の進展具合によって決めており、定型化されている訳ではない。心掛けていることのひとつは、なるべく早く面接日を設定することである。急性期においては、精神状態もその他の実生活に係わる問題も刻々と変わっていく。恐怖、不安、自責といった感情は、程度の差こそあれ被害後誰しも持つものであるが、日によっても時間によっても変化する。自宅に侵入されて被害に遭ったために自宅にいられない、逆に犯人が怖くて外出ができないという、日常生活に係わってくるような訴えも多くある。よって、今どのような状態にあり、何に困っているのかを明確にするためにできるだけ早く会う日を設定している。

面接場所はその状況に応じており、アウトリーチによって行うことも多い。警察本部庁舎内の面接室で行う場合もあれば、犯罪被害者が遠方まで来るのが困難な場合には、その人の自宅に近い警察署の相談室で実施することもある。警察関連施設では被害のことを思い出してしまうと訴える人には自治体の会議室、民間のホテルの一室などを借りることもある。カウンセラーのいる相談室に来所してもらうという心理臨床のベーシックな形だけではなく、なるべく早く介入することを前提に柔軟な形をとっているのだが、このようにフットワーク軽く対応できるのは、警察ならではかもしれない。

一方で、相手の状況に合わせるということは、こちらのマネージし切れないさまざまな要素を多分に含むために、困難を伴うことがある。面接室となる部屋の広さや内装、机や椅子といった外的な構造もそうであるが、いつもの相談室ではないという感覚から、カウンセラー自身が慣れるまでに時間がかかる場合がある。心理面接としての構造を大きく崩さない方が良いとする意見もあるだろう。しかし、外出が困難になっている人、他人が怖いと感じられるために公共交通機関を利用できない人に相談室のある遠方まで来てもらうことは現実的ではない場合もある。

急性期という外傷的な出来事に心が圧倒されて物事を十分に考えられることのできない状態において、主訴が明確に認識できている犯罪被害者はそう多くはない。よって、急性期では、まずはお会いする場を確保した上で、ＰＴＳＤ症状をはじめとした精神面のアセスメントを行いつつ、各種支援の必要性の有無を判断するといったスクリーニングに近い活動が第一にくるだろう。その後に続くカウンセリングの詳細については第２節に述べる。

４．課　題

現在の警察における性犯罪被害者支援は、捜査体制の整備、公費負担制度の拡大、被害者カウンセリング制度や民間被害者支援団体・産婦人科医療などの他機関連携といった施策の展開がなされているところである。平成28（２０１６）年度は、第３次犯罪被害者等基本計画の初年度であるほか、内閣府の業務見直しにより、これまで内閣府で推進されてきた犯罪被害者等施策が国家公安委員会に移管されたところであり、警察においてはさらに関係機関・団体と連携強化を図りつつ、性犯罪被害者の支援をはじめとした犯罪被害者等施策の一層の推進に向けて取り組むこととしている。警察における被害者カウンセリングについては、全国的に今よりも体制を充実させていくことが必要である。また、体制が整っている場合にも、本当はカウンセリングを望んでいるにもかかわらず、制度が周知されていないがために利用できない人もいる可能性があると感じられる。警察内外に制度を広く知っていただき、犯罪被害者本人が自ら希望できるだけではなく、早期に支援する警察職員や周囲の人々が制度を伝えられるようになることが大切だと思う。

以上のような制度面だけではなく、実践における課題も残されている。さまざまな機関との連携という面では、犯罪被害者から情報提供の同意を得た上で支援の方向性に関する検討会を開くなどして、なるべく他職種ともその犯罪被害者についての共通の理解をもち支援に当たるべく工夫しているところである。しかし、被害直後から早期に携わる警察のカウンセラーと、比較的長期的な支援が可能である民間被害者支援団体のカウンセラーとでは、どのような役割分担をすべきなのかといった議論はまだ少ないように思う。警察は治療機関ではないこと、ある程度の支援期間が定められている中でできることは限られていることからも、警察のカウンセラーとして行うのは、捜査と並行した急性期の介入や、被害から生じた心の課題とその人が以前から持っていた課題とを仕分けしていく作業であり、治療は民間被害者支援団体などに引き継いでいくといったところであろうと感じてはいる。さまざまな専門家が支援に携わる分野であるからこそ、このような支援の中身のあり方についての検討が重ねられていくことも必要である。

外側としての制度が整うことは、犯罪被害者にとってはもちろんのこと、ネットワークが増えたり、支援者の立場が社会的に守られたりするなど、支援者を支えるものとしても重要である。しかし、本当に機能するものを作り上げるときにそれだけでは不十分であろう。今後この分野に関わる人が増える可能性を考えれば、早期におけるカウンセリングの方法、意義ある連携のあり方など、実際の支援をどうするのかといったことについて、携わっている私たちの臨床経験を基に考えていくことも大切なのだと思っている。

第2節　性犯罪被害者への早期のカウンセリング

私はこれまで、被害直後の急性期から中・長期にわたる犯罪被害者の臨床実践に携わってきており、なかでも性犯罪被害者を支援する機会が多かった。急性期の犯罪被害者は、カウンセリングを受けるのに対して明確な動機をもっていることが少ないというのが私の印象である。特に警察で実施するカウンセリングの場には、当然のことながら犯罪被害者が治療を求めてやって来ることはなく、むしろ今の気持ちが軽くなるのであればといった漠然とした動機からであったり、周りから勧められたという理由であったりすることが多かった。

はっきりとしたモティベーションを持たない人が相談に訪れることはどのような現場であっても少なくないであろうが、自然と私は、このような場合に心理専門家としてどう支援すべきかについて考えを巡らせるようになった。また、事件・事故に遭うことがなければ心理臨床の場に訪れる機会がなかったかもしれない人が、被害に遭ったがために、私たちが援助することになったとき、どのようなカウンセリングが可能なのかについても繰り返し考えさせられた。そして、これらは私にとって取り組み考え続けていく臨床上の課題となった。

本節においては、これらの課題に対し、事例を交えながら臨床実践の中から得られた早期の性犯罪被害者への心理専門家としての支援のあり方について考察を加えたいと思う。

なお、第1節においては、事件・事故による犯罪の被害者は犯罪被害者と総称したが、これ以降は特に断りのない限り、性犯罪被害者のことを被害者と呼称することにする。

1. 早期におけるカウンセリングの課題

A. 支援の開始時期における課題

被害者の訴えには、現実的に対応可能なものと心の中にあることとして扱うものとが、また、短期的課題であるものと長期的課題になるものとが混在している。例えば、自宅が被害の現場となってしまったために、当面の間、別の場所に居場所を移したいということであれば、一時的に身を寄せられる避難場所を提供できるかもしれないし、被害によって生じた怒り・不安などのさまざまな感情の解決は心の問題となるであろう。被害直後に恐怖心から震えが止まらないという反応は、時間経過とともに改善が見込まれるかもしれず、事件以前から抱えていた家族関係の問題の悪化については長期的な課題となるであろう。

当然のことながら、支援者として提供できる資源を確認しつつ、被害者が困っていることは何かを把握することが活動の最初となろう。現実的に対応可能なものについてはできるだけ早く対処、提供したり、他の支援者の協力を仰いだりするというコーディネートが必要になるが、心の問題はどうだろうか。

急性期の被害者は、ある意味で「事例化」した状態となって目の前に現れる。つまり、既に何らかの形で精神的反応や症状が顕在化しているわけである。その人のニーズがないのにもかかわらずカウンセリングを提供しようとするような、支援の押しつけにならない対応が求められるケースがある反面、当初ニーズがなかったとしても相談へのモティベーションを高める対応が求められるケースもあることに注意を払うべきであると感じている。被害体験は程度の差こそあれ、誰にとってもインパクトを与えるものであり、直後に生じる反応は異常なものとはいえない。一方で、自分の心身の状態が認識できなかったり、その出来事を認めるのに苦痛を伴うことから事実が否認されたりしており、家族や知人など周囲の人は支援が必要だと思っても本人が拒む場合もある。特に、性犯罪被害の場合、他人によって振るわれる暴力により被害者のアタッチメントが攻撃され、他者との情緒的な交流からひきこもってしまう場合が多い。それは、当初は面接を希望する人が比較的おりながらも、キャンセルが続いたり、1回の面接で終了したりするなど、結果として継続的な支援を受ける人は全体の一部になってしまうということにも表れていると思う。

PTSD症状を含めた相手の状態をアセスメントし、回復のために役に立つことができそうだと判断された場合は、その人の不安を押さえつつ、継続的なカウンセリングを提案するのもひとつの方法だろうと思う。そして、この提案をする場合は、できることなら初回面接にやっておいた方が良いと思われる。なぜなら、私の経験では、初回面接で終了してしまうケースがままあり、次のチャンスはほぼないからである。また、初回において、不安を押さえ言語化しておくことの意味は、被害者がそのときに継続してのカウンセリングを希望しなかったとしても、しばらく後に再来所するきっかけを与えておくことにもある。

初回面接では何をカウンセリングの目標とするかを決めることまで辿り着くのは難しい。急性期には被害者自身が何を本当に必要とするのかが認識できなかったり、カウンセラーにも自分がこの場でその人のために何を援助することができるのかはっきりと分からなかったりすることもあるからである。よって、支援の目的を互いに一致させるためには、初めから週に1回など面接回数を厳格に定めず、カウンセリングの目的が明確になるまで試しに数回通ってみるなど幅のある選択肢を用意していても良いのではないかと思っている。しばらく通ってみる中で、被害者がカウンセリングの場で何をしていけば良いかを捕まえることができるようになることがある。また、実際問題として、学校や職場を休んでいた人が登校や通勤を再開させるなど生活状態が立て直されていくと、当初の面接の枠組みを守り続けることが困難になることもあるだろう。

B．カウンセリングにおいて何を「扱う」のかどの臨床現場においてもそうであろうが、殊に犯罪被害者支援の現場に携わっていると、「外」（現実の出来事）と「内」（心の出来事）ということを常に意識させられる。「外」と「内」の両者が重要であることは言うまでもないが、特に、被害者のカウンセリングにおいては、「外」に属する外傷的な出来事や生活面の実際を把握しておくことの重要性を指摘したい。

カウンセリングを行うときにカウンセラーは、気持ちや考えを尋ねることに専心しがちであり、外的な出来事の客観的な評価が曖昧になってしまうこともあるように思う。また、何が起こったのかを尋ねることは被害者を傷つけることになるのではないかと斟酌し、詳細の把握が躊躇されるかもしれない。しかし、被害者のアセスメントにおいては、外傷的な出来事（客観的な出来事）がどのように体験されているのか（主観的な出来事）をみていくのであり、どちらかが抜け落ちても、本来のアセスメントはできないと感じている。被害者本人が難しければ、親族、関係者からでも良い。できることなら事前に、どのような出来事が起こったのかについての情報を収集し、被害者が何を体験したのかを把握しておくことが大切である。

また、私は支援する被害者に関わる事件が刑事手続上どの段階にあるのかを念頭におくことも重視している。被疑者が逮捕されていない場合には刑事手続は警察の段階にとどまるが、被疑者が逮捕された場合には、事件は検察庁に送致され、刑事裁判になることがある。その場合、被害者は供述調書作成のため検察庁で事件についての話をしたり、裁判で証人出廷を求められたりすることもある。加えて、被害者は裁判を傍聴することができ、裁判において自らの心情を述べる意見陳述制度を利用する可能性があるなど、刑事手続の段階によって、被害者がすべきことやできること、悩みが異なってくる。このことから、刑事手続の段階に応じた被害者のニーズと支援者が提供できる資源の把握が必要になるのである。

次に、「内」をみることの重要性について述べたいと思う。

早期に支援に携わる者は、今後の刑事手続の流れについて被害者に説明することで見通しをもってもらったり、被害による精神的な症状が顕著であり精神科医療が必要だと判断される場合には、精神科医に引き継いだりする活動が求められる。一方で、心理面接において私がぶつかった壁は、早期の被害者には確かに解離や回避といった症状が認められるが、これらＡＳＤ（acute stress disorder）やＰＴＳＤ（posttraumatic stress disorder）の中核症状を直接扱うのは、特別な治療法に頼らない限り技術的に難しいということであった。また、被害者の話を聴くということは、その体験に向き合うだけの覚悟と、支援者としての無力感に耐えることが必要であるから、とかくアドバイスや、現実的な対処をしがちになるとも感じた。しかし私は、臨床実践を積み重ねる中で、被害後早期に携わる心理士としての活動は情報提供やコーディネーターとしての役割を担い、支援の方向性を定めるアセスメントをするといった関わりにとどまらない活動が可能であると考えるようになった。

被害による喪失には、外的な喪失と内的な喪失とがある。ここでいう外的な喪失とは、物質的な損失や職を辞さなければならないことなどである。一方で内的な喪失とは、そのことによって心の内で喪失しているものを指している。そして、被害者カウンセリングの難しさがここにあると言えるだろう。心理臨床においては、その人の課題となっていることについて、心の中の「何か」として扱う作業がある。一方で被害者カウンセリングにおいて、「何か」とされる部分はそもそも被害者の心の中にある「何か」ではなく、「原因は加害者」であり実在するものとして心の外に置かれているということである（Garland,1998a/2011）。しかし、人はひとたび被害に遭遇すると、その人固有の人生に由来する心的苦痛を喚起させ、不安が立ち現れる。被害者の不安に思い巡らせたとき、心理面接で扱うことのできる素材が現れてくるように思う。そしてこの不安については、本人が考えられるようになるには時間が掛かるにしても、早期の段階から何らかの形で表されていることが多い。架空の事例を挙げよう。

事例 「隠された糸」

付添い支援のために裁判所に出掛けた私は、支援をしている母親が傍聴席で取り乱し、激しい口調で犯人に対して罵声を浴びせる姿を目の当たりにすることになった。私は母親に寄り添いつつも、何もできない気持ちで一杯になっていた。20歳の息子を交通事故で亡くしたこの母親は、事故以前は近所から穏やかな人だと評判なのであった。それまでの母親との面接では、両親は親心から息子に対して大きな期待をかけて育て、安泰な職業に就くよう繰り返し言ってきたものの、息子は両親の希望とは大きく逸れた進路を選択しようとしたため、最近では親子の関係は疎遠になりつつあったことが語られていた。その矢先の事故であり、母親は、「息子に謝ることができないまま亡くなってしまった」と、息子に親の希望を押し付けてしまったことを強く悔いていたのだった。

私が何もできないと感じていた気持ちは、母親が、息子を2度死なせてしまったという無力感、すなわち、息子に親の希望を押し付けたことにより彼の人生を奪ってしまったことと、今回の事故により彼を亡くしてしまったことに対して自分が何もできないと感じた彼女の無力感を受け取っていたと思われる。そして私には、母親の強い怒りは、無力感の裏返しであることが理解されたのであった。

被害者やその家族は悲しみに暮れ、怒りを覚えるものである。しかし、被害におけるその人の意味づけを理解したときに初めて、目の前の人のどのような悲しみと怒りに共感し、受け止めたらよいのかが見えてくるだろう。

C．アタッチメントの視点から

被害直後には、パニックのような状態に陥る人もいれば、強い恐怖に囚われる人もいる。「このような事件に遭ったことが信じられない」、「現実のこととは思われない」と感じられ、生き生きとした感情をもてない人もいる。このような情緒的に混乱状態にある被害者に対し、何よりも安全・安心感を持ってもらえるよう働き掛けることの重要性は既に指摘されているところであり、私も臨床実践の中から同様に感じている。では、安全・安心感を持ってもらうということは、どのような関わりだと考えられるだろうか。

一般に「人に安心感を与える」とは言うものの、心理臨床活動においては、安全・安心感とは与えるものではないだろう。重要なのは、カウンセラーが、被害者が安心感を取り戻していくために機能することであろうと考えている。

安全・安心感を取り戻すために機能するとは、アタッチメント理論における、危機が生じた際に逃げ込み保護を求める「確実な避難所」（safe haven）（遠藤 2007）として機能することと同一であると考えられるだろう。アタッチメントとは、ボウルビー（Bowlby, 1969/1982/1991）によれば、他者を求め、他者に接近しようとすることである。犯罪被害に置き換えれば、トラウマティックな体験は抱えることのできない情緒的な混乱を生じさせるものであり、その際人は誰かに支えてもらおうとする。

私自身、面接室外では、被害者が親族や交際相手の腕などにつかまって来所するのを目にしたことがあり、面接室内では，被害者から誰かと一緒でなければ眠ることができなくなったとの報告を受けたり，年少の被害者が私に甘えるかのような言動をとったりしたことを経験した。このような例からも，恐怖・不安状況はアタッチメントを活性化させるのだということが分かる。

ただし，アタッチメントを考えるときには一律に考えれば良いのではなく，個人のアタッチメント・スタイルの差の問題を抜きにはできない。そもそも，ＰＴＳＤの発症プロセスをとっても個人差があることは明確であり，ＰＴＳＤのリスク要因には女性であること，人格障害特性，精神科医療への通院歴といった個人の脆弱性などが，他方の防御要因には，個人のレジリエンス（resilience）などが指摘されている（Sadock & Sadock, 2003/2004）。

そして，個人の脆弱性およびレジリエンスには，明らかにその人がどのようなアタッチメント・スタイルを獲得していたのかが関連している。レジリエンスのレベルは早期のアタッチメント関係の質と極めてよく関連しているとの示唆に基づき，レンマとレヴィ（Lemma & Levy, 2004）は，安定したアタッチメントは，極度のストレス下に置かれたときにそれに耐え，打ち勝つ能力を育む一方で，不安定なアタッチメントは，レジリエンスの発達を阻み，「偽りの自己」（false self）（Winnicott, D. W.）の構造を促進させることを指摘している。そして安定的なアタッチメントが自己を持ちこたえさせる例として，次のような事例を挙げている。

Ｘ氏はスーダン出身で知性のある若者だった。彼はキリスト教徒で，反政府勢力の手先として投獄され，拷問を受けた。彼が耐えた数多くの残虐な行為のうちのひとつは，５日間，食べ物も水も与えられずに立ち続けるというものであった。もし直立姿勢で立ち続けられないのであれば，即座に銃で撃たれるのであった。他の多くの投獄者がそうして死んでいった。

X氏は、希望をなくし、関心を払われることもなく死んでいくであろうことを悟っていた、と報告した。彼は、希望が消えかけたまさにその瞬間、母親が目の前に現れて彼の命を救ったのだと言った。彼は、監獄の中で彼女がどのようにして彼に近寄り、椅子に腰掛けたかを極めて詳細に述べた。彼女は彼を膝に乗せ、彼女がしているように、地面から足を離してはいけないと言い聞かせた。そして、彼女は穏やかに優しく、彼の口の中に葡萄の実を含ませたのだった。彼は、葡萄の味と、それがどんなに甘美で彼を滋養するものであったかを覚えていた。彼は、彼女の洋服の模様や特有の香りについて語り、それらは、彼女の両腕に抱かれた少年時代の彼にはお馴染みのものであった。

（9-10頁　筆者訳）


この例において、X氏は極限の状況下に置かれており、幻覚を見たとも解されるが、他方では、アタッチメント対象を源とし、その状況を堪え忍び生き延びたことが見て取れるだろう。

もうひとつの例を挙げたい。私の幼少期の思い出深い漫画、映画として、松本零士氏作の『銀河鉄道９９９』がある。当時私が触れた作品では、ストーリーの冒頭において、主人公である星野鉄郎の母親が機械化人から銃で撃たれて殺される場面が出てきていた。その後、鉄郎は機械の身体を手に入れるべく、銀河鉄道に乗って数々の星を旅するのであるが、そこで重要な役割を演じているのは、メーテルという美しい若き女性である。メーテルは鉄郎の亡くなった愛する母親に見かけがそっくりである。星から星への旅を鉄郎とともにし、最後には別れていくこのメーテルとは何者であり、どのような役割を演じていると理解したら良いのだろうか。

私は、メーテルとは鉄郎にとっての心の中の母親像のようなものであったと思う。本当の母親を亡くした直後にメーテルが現れるというところにも，その証左が求められる。実の母親を亡くした鉄郎は，メーテルという母親像に支えられることによって旅していく。つまり，母親の喪失というトラウマ後の人生をともにするのがメーテルなのである。しかし，そのメーテルでさえずっと鉄郎と一緒にいることはできない。鉄郎が成長していった暁には，メーテルとの別れが待っている。この道のりは，カウンセリングの過程にも例えられるであろう。歌手グループのゴダイゴによる映画の主題歌『銀河鉄道９９９』（作詞：奈良橋陽子・山川啓介）には，「そうさ君は気づいてしまった　やすらぎよりも素晴らしいものに（中略）あの人の目がうなずいていたよ　別れも愛のひとつだと」といったフレーズがあり，ストーリーの補助線としての役割を担っていると感じられる。

さらに，松本氏がなぜ『銀河鉄道９９９』を生み出すに至ったかを考えることは興味深い。ある新聞記事（朝日新聞 2015）に，作者である松本氏のインタビューが掲載されていた。その記事によると，松本氏は母と一緒に暮らした実家のある福岡県から上京する途中，夜行列車の中で美しい女性が座っていたのを目にしている。女性の声が聞こえた気がして我に返ると姿が消えていたという。そして，この人物がメーテルの原型となったらしい。鉄郎の母が息を引き取るときの「お母さんは信じている。鉄郎は強い子だもの」という言葉は，松本氏自身が母親から託された言葉であった。すなわち，『銀河鉄道９９９』は，松本氏自身の実体験をモチーフとして描かれている。メーテルとは松本氏にとっての母親像でもあり，分離の痛みを経験するとき，人の心の中には母なるものが立ち現れ，それに支えられるということが考えられるのである。

性犯罪被害は，人為的な暴力の性質をもつトラウマであり，アタッチメントは攻撃される。それ故，たとえ，安定的なアタッチメントをもっていた人であったとしても，程度の差こそあれ他者との会話から引きこもり，他者との関係に葛藤的になるという印象がある。

よって、カウンセラーは辛抱強く被害者のアタッチメント対象となり、被害者の心を抱えるよう機能することが重要になると感じている。被害による苦痛や不安はその人を破壊してしまいそうなほどの勢いを持つものである。よって、被害者がそのときに直視できない、抱えきれない、苦痛や不安な気持ちを誰かに投げ込んでおくことが必要になるだろう。しかし、その気持ちはいずれ本人に戻さなくてはならない。どんなに現実が辛かろうとも、その出来事を無かったことにすることはできず、いつかは、その人の人生の中に織り込んでいくことが求められるからである。カウンセラーが、被害者に代わってそれらの受け入れがたい気持ちを一旦は抱えておくことによって、被害者は徐々に本来の力を取り戻し、カウンセラーに預けておいた情緒を、いずれは再び自分自身のものとして引き受けていくのだと思う。

早期の支援の基盤として、被害者がその体験に圧倒されて抱えきれなくなった気持ちを抱えていけるようにすること、被害者が自分の気持ちに押しつぶされることなく、感情を調整できるように、カウンセラーはその人のアタッチメント対象となり機能することが有効だと考える。

D．考えられること

急性期のカウンセリングが困難なのは、被害者がその体験にまつわる出来事について考えることができない、というところに理由のひとつがあると思う。急性期の被害者はその出来事について語ろうとしなかったり、逆に被害体験が恰もなかったかのように思われるほど冷静に見受けられ、淡々とその出来事について話を続けていったり、もしくはフラッシュバックにより事件そのものが今起きている、今体験しているかのように怯え、震えていたりすることがある。さまざまな様相はあるものの、その出来事に対して、適度な心的距離を取ることができないことは共通して窺われるのである。ガーランド（Garland, 1998b/2011）は、次のように指摘している。

それ（筆者注：フラッシュバック）は、突然につかまってしまう感覚であり、過去に起こったことを考えているのではなく、現在においてそれを実際に再体験することである。フラッシュバックはコンテイナーの喪失という体験であるように私は思う。コンテイナーは、内在化された場所、器、あるいは空間であり、早期の良いケアと密接につながっていて、**何かについて考えること**を生じさせる。何かについて考えることができるということは、関心の向けられている出来事や体験から少し距離のとれている「私」を意味している。（117頁）

確かに、ＡＳＤやＰＴＳＤの症状を伴っているときは、症状が前面に出ており、被害体験は過去のことになっていない。被害について語っているというよりも、未だそのものを体験している状態に近いといったら良いだろうか。出来事の詳細を説明することはできても、その出来事によって心に何が起こったのかを考え、語ることは難しい。他方、カウンセラーも何か言わなければ、何かをしなければという焦りのようなものに突き動かされることがある。すなわち、被害というのはあまりにも圧倒的な出来事であるために、被害者にはそのことについて考えるという心のスペース（thinking space）がないように思われるのである。

被害直後に被害体験について客体化して考えることは誰しも困難であり、当然のことながら、ある程度の時間が必要になるであろう。また、被害者のカウンセリングにおいて、カウンセラーは相手の心に思いを馳せ、情緒を受け取り、一旦はそれを保持しておいたり、表現され得なかったものに被害者が受け取られる形にした言葉を与えていったりする。一方で、相談者である被害者は、カウンセラーのこの考える機能を取り入れていく。そして、いずれは被害者自身が喪失の意味を見つめていくことに繋がるのであろう。

被害者への早期介入の意義は、被害体験が十分に心理的課題として語られることはない段階から、このようなカウンセラーの機能が発揮され、被害者を抱えていくことにある。

E．まとめ

警察の被害者カウンセラーとしての臨床実践からこれまで考えてきたことを中心に述べたが、警察における犯罪被害者支援は特別だ、との感想をもたれるのかもしれない。しかし、私のように犯罪被害者に特化した支援に携わることは稀であっても、何らかの形で犯罪被害者支援を行う臨床家は意外に多いのではないかと感じている。スクールカウンセラーであれば、勤務先の学校の児童生徒が性犯罪被害に遭うかもしれない。精神科医療の現場で、主訴ではなくても過去に性犯罪被害に遭ったという患者に出会う場合もあるだろう。犯罪被害者への支援はなにも特殊で特定の臨床家の問題ではない。トラウマとは何かについて考えるのは、心理臨床の基本でもあると考えている。


以上に述べてきたことの例として、早期の被害者への支援事例のビネットを紹介する。プライバシー保護の観点から、内容に大幅な修正を加えた架空の事例としている。

なお、支援における実際の動きなどを理解していただくために、【　】内には説明書きを加えた。

2．事例「篤姫——早期における性犯罪被害者のカウンセリング事例」

A．事件概要と被害者Aさん

事例は、成人女性のAさんである。

支援の発端は、警察署で犯罪被害者支援活動をおこなう指定被害者支援要員のB警察官からの連絡であった。「事件に遭ったばかりの被害者がおり、今警察署で事情を聞いているところです。カウンセリング制度を教示したところ、ご本人は希望していますが」と犯罪被害者支援室に電話が入った。B警察官は、これまでに何件もの支援を行ってきているベテランの支援要員であり、支援の必要性を認識しているので、速やかにAさんに制度を教示した上で、私に連絡をくれたのだった。Aさんは帰宅途中、見知らぬ男に背後から「殺すぞ」と脅されてレイプされ、男が去った後に自ら１１０番したという。B警察官はAさんにその場で電話を代わり、私はAさんと少し話した上で、1週間後に面接する約束をした。その1週間のうちに、B警察官から男を逮捕したとの連絡が入った。

面接が開始されてから分かったことであるが、Aさんの家庭的背景は若干複雑なものであった。母は第一子を失っている。Aさんは、幼少期、母から「あの子（第一子）が生きてたら良かったのに」と言われることがたびたびあった。母からは、理由なく叱られることがあり、Aさんは学校から帰ると自室で過ごすことが多かったという。進学はしたが、父が失職したことから経済的に苦しくなり、それを契機に学校をやめ、何もしない生活を送っていた。しかし、このままではいけないと一念発起し就職するとともに、自分一人のアパートを借りる一方、他の家族のため昼夜を問わずに働いている母を助けるために、実家にはたびたび帰るようにしていた。その一人暮らしの生活を始めた矢先に、今回の性被害に遭ったのだった。

B．支援の開始時期

Aさんと面接する当日、警察署において事前にB警察官に事件の概要と今後の捜査の予定、Aさんの様子について尋ねた。B警察官の話では、「Aさんは嫌がることなく、はきはきと事件の詳細について話すほど気丈であり、ひどく落ち込んでいるようには見られない」とのことだった。その後、署内の相談室でお会いしたAさんはしっとりとした美しい佇まいであり、B警察官の言ったとおり確かに落ち着いているかのように見えた。私は、今回大変な思いをされたであろうことに触れつつ、カウンセリングを受けようと思った動機について尋ねた。Aさんは「Bさんに勧められたので、取り敢えず来ました」と、自ら希望したのではないことを強調した。私は少し突き放されたような気持ちにさせられたが、それでも被害後の精神状態や生活状況などを聞いていった。Aさんは「後ろに男性がいると怖いなと思ってしまって、体が固まってしまう。仕事をしていても事件のことを思い出してしまって。こんな状態で仕事を続けていくことができるかと心配なんです」と淡々とした調子で話した。Aさんの佇まい、表情、口調から、私にはAさんが不安を抱きつつも、自分の気持ちには触れないように自分自身を完全にコントロールしているかのように見せているのだと感じられた。

私は、「被害に遭った直後は誰しも、事件のことが蘇ったりして辛くなるが、このような状態は時間経過とともに変化していくので、仕事については様子をみてから決断してはどうか」と伝えた。辛そうな中でも寝食は以前と同様にできている上、仕事もこなしており、日常生活が大きく崩れている様子が見られないことから、すぐに精神科医療に引き継ぎを行う必要性はないと判断し、私自身がAさんの確実な避難所となることにより、Aさんにとっては、溢れそうになっている不安で辛い気持ちをなんとか保持しつつ刑事手続をこなしていくことが必要であろうと考えた。そしてそのために、捜査と並行してカウンセリングに通って来ることを提案したところ、Aさんは承諾した。

さらに、Aさんは、「犯人側から接触があったときにはどう対処したらよいのか」、「裁判になったときに自分はどうしたらよいのかよく分からない」と語った。そこで私は、犯罪被害者支援に詳しい弁護士に無料で相談できる法律相談制度を紹介し、助けになってもらうように働き掛けた。

【はじめに、指定被害者支援要員と連携し、被害者本人から何度も被害内容について説明してもらうことによる二次的被害防止、被害者が今後どの程度捜査関連の協力をする必要があるのかについて把握するための事前の情報収集を行う。初期のカウンセリングにおいては、心理教育と、この時点での捜査と並行したカウンセリングの目的と提案を行う。さらに、被害者のニーズに応えるために、支援者側が利用できる制度を日頃から把握しておき、他機関・他職種と連携を行う。】

C．カウンセリングの経過

Aさんは、警察署での事情聴取などの手続においては取り乱した様子を見せず、従前から気に掛けていたB警察官や私の助けを必要とはしなかった。そして、１週間に1回の面接はキャンセルすることなく続けて来た。相変わらずの整えられた服装、佇まいを見せていたが、相談室内では、「熱が出て体調が悪い。見知らぬ男性から声を掛けられるのも怖い。……今の生活、これまでの人生の中で、幸せなことを考えようとしても自分にはなかったのだと思う。以前から、自分には生きている意味が感じられなかった」と言い、今回の被害については、そもそも価値のない自分に起きた当然の出来事であるかのように語った。Aさんの母は、第一子を心の内面で生かし続け、悲嘆を避けているのだった。母にAさんを受け入れるだけの心のスペースがないために、Aさんは自分が愛されるべき存在ではないと思い寂しさを抱えているであろうことは、被害後自己破壊的な生活を送っているという面接での報告からも窺われた。そして、「犯人をかわいそうに思うときがある。人間にはオンとオフの状態があって、オフのときに自分をコントロールできなくなるということが、私には分かる。オンばかりの状態を備えている人にはきっと分からない」と語った。Aさんは犯人の境遇は荒んだもの（オフ）であり、正しいことや中身を伴うもの（オン）と対比させ、犯人の境遇に同一化しなければならない自分を感じたのであった。そして、そういう形でしか、人と関われず自分の欲望を満たすことができないこれまでの犯人の生活を想像し、犯人がかわいそうだと言うのであった。

私はいわばオンの状態にある人であり、Aさんの気持ちを分からない人だと思われているのではないかと感じ、ただ無力感を抱いていた。私が「この場で私にAさん自身の不安な気持ちをうまく伝えられていない感じがするのではないか」と伝えると、Aさんは「ここでは自分についてうまく話せる自信が持てない」と話した。私には、Aさんの母の心は亡き子で占められているがために、Aさんは母との関係において自分の気持ちを上手に表現することができずにおり、それはここでも同じなのだと想像された。Aさんは面接でうまく話していくために事件後から書き始めたというノートを机の上に出しては、警察・検察で行ってきたこと、仕事のことなど、箇条書きした出来事の話を進めていくのだった。私には、人との関係が深まれば関係が切れてしまうのではないかと不安になるため、Aさんが自身の情緒に触れられるのを避けているようにも、また、一定間隔をもって私との距離を保っているようにも感じられた。

しばらくして公判が開始された。犯人を見に行きたいという理由から，事件のことを知っている周囲の人から反対されつつも，Ａさんは公判傍聴に行くことを希望した。カウンセリングと並行して付添い支援を行うことを提案したけれども，Ａさんは逡巡した後，私に付添いは望まなかった。Ａさんには，裁判を傍聴する自分を見ていて欲しいけれども，一方で見られたくないという思いがあるようであった。それは，もし取り乱しているところを見られると，それが私にどのように受け止められるのかについて不安を抱いているからであると思われた。私は，Ａさんにとって内的に十分な安心感を与えられる対象として機能していくためには，Ａさんの付添い支援は別の支援者にお願いすることが適切だろうと判断した。そこで，Ａさんの傍聴付添いは民間被害者支援団体の犯罪被害者直接支援員にお願いをした。

【Ａさんの心の中では，良い対象と悪い対象との吟味が始まっており，これは後の『篤姫』の話題とも関連している。実際の支援においては，その人の状況に応じ，他機関である民間被害者支援団体との連携，役割分担を行う。】

D．真に求めているもの

Ａさんがノートに書く内容のひとつとしてドラマ『篤姫』があった。Ａさんは『篤姫』を楽しみにしているのだが，自宅アパートにはテレビがないためテレビを見るためにはわざわざ実家に帰らなくてはならないのだった。しかし，アパートを出る直前になると，実家に行くべきかどうか迷ってしまい，結果的に『篤姫』を十分に見られないという取り違えた行動を取っていたのだった。

このことは私に、Aさんと母との関係を思い起こさせた。母は辛く当たることもある一方で、昼夜を問わず働き家族を守ろうとする存在でもあった。『篤姫』を見る時間に遅刻をするということは、実家にも遅刻をしているということである。つまり、Aさんは母のところ、自分が安心できる場所が、自分にとって本当に必要だと感じることに葛藤を抱いていると思われた。

あるとき、Aさんは、私の面接に40分という大幅な遅刻をしてやってきた。Aさんは遅刻をした理由について、体調が悪かったのだと簡単に述べた。しかし私には、この40分の遅刻は、ドラマへの遅刻と同じであり、Aさんにとっての私とは公的機関に勤める強い女性である篤姫そのものではないかと感じられた。私は「Aさんにとって篤姫はまるで私のように感じられる」のだと伝えた。Aさんは黙ってしばらく考えたふうであった。次の回に10分早く来たAさんはいつになく髪の毛が乱れた様子だった。私には、自分の容姿を取り繕う時間も惜しんでやって来たことが分かった。そして、Aさんは「『篤姫』を見ることは口実に過ぎないという気がした。一人ではないということが重要なのかもしれない……泣くということを考えた。事件のときにも泣かないって決めていた。けれど、ここがなくなったらどうしたらよいか」と語った。続けて、非常に印象的であった夢として、押し入れの中に私とAさんとが一緒に入り、話をしているという内容を報告し、「一緒にいてくれるということで安心感があるのだと思う」と語った。

【当初はカウンセラーに、コントロールされた自分を見せていたAさんであったが、少しずつ覆いがなくなっていく中で、Aさん自身が、一人の不安について語り、良いもの、安心感、充足感を求めていることに触れられている。押入れは、Aさんが安全に退避できる場所の象徴である。】

E．まとめ

この早期の支援において重要だと思われたのは、警察官からの素早い連絡、弁護士や民間被害者支援団体の犯罪被害者直接支援員などさまざまな人との協力関係が得られたことと併せ、カウンセリングにおいてAさんが内的に退避できる場所を提供することであったと思う。

中島（2012）は、外傷体験を受けた成人に対してアタッチメントを応用したＰＴＳＤ治療を行うにあたり、患者のアタッチメント・スタイルを把握することの重要性を指摘している。Ａさんは不安定なアタッチメント・スタイルであったことが推測され、安心できる関係性が構築されるまで、カウンセラーが十分に待つ必要があった。被害者と接していると、被害者の投影により、私が侵入的になる感覚に陥ったり、怒りを向けられるなど、密な関係が展開していることに気付かされる。しかし、支援者が安定した対象としてその場に踏みとどまり、被害者のことを理解し続けていくことが大切なのだと思う。

本来、被害を受けることには残念ながら意味はない。しかし、人は物事に「ある」ことは認められても、ただ「ない」ことを認めることは困難である。それは、羨望（envy）により説明できるところがあるだろう。羨望とは、自分にはない良いものをもっている他者を攻撃し、良いもの／良い対象を破壊してしまう強い感情である。つまり、自分に「ない」ということを認めることは、それだけ人の心に苦痛を生む。意味のないことを認めることは苦しいからこそ、人は「ある」こと、すなわち被害に遭った意味を求めていく。そして、被害者が、自分にとって被害の意味とは何であるのか、自身の心の中で何を喪失し、何が起きているのかについて知る作業は、これまでの困難な出来事と結びつけられていく。故に、被害者の情緒を理解するには、支援者は個々の被害者の体験の意味づけとその不安を理解することが求められるのである。
これらの意味づけは、決して被害後かなりの時間が経過しなければ現れないものではない。被害後の早期からその萌芽が認められるし、究極のところ、専門的な支援を前提とした被害者の個別理解とはその不安の理解だと思う。理解ができれば、私たちが支援すべき方向性は見えてくるはずである。

〔引用文献〕

朝日新聞(2015).「みちのものがたり」12月5日土曜版ｂｅ、ｅ１-ｅ２頁
Bowlby, J. (1969/1982). *Attachment and Loss, vol.1: Attachment.* New York: Basic Books.〔黒田実郎・大羽 蓁・岡田洋子・黒田聖一(訳)(1991)『新版 母子関係の理論Ⅰ：愛着行動』岩崎学術出版社〕
遠藤利彦(2007).「アタッチメント理論とその実証研究を俯瞰する」数井みゆき・遠藤利彦(編著)『アタッチメントと臨床領域』ミネルヴァ書房、1-58頁
Garland, C. (1998a). Thinking about trauma. In C. Garland (Ed.), *Understanding Trauma: A psychoanalytical approach.* London: Karnac Books.〔ガーランド「トラウマを考える」松木邦裕(監訳)(2011)『トラウマを理解する――対象関係論に基づく臨床アプローチ』岩崎学術出版社、9-32頁〕
Garland, C. (1998b). Issues in treatment: A case of rape. In C. Garland (Ed.), *Understanding Trauma: A psychoanalytical approach.* London: Karnac Books.〔ガーランド「治療上の問題――レイプの事例」松木邦裕(監訳)(2011)『トラウマを理解する――対象関係論に基づく臨床アプローチ』岩崎学術出版社、１１５-１３０頁〕
警察庁(2015). パンフレット『警察による犯罪被害者支援(平成27年度版)』
警察庁犯罪被害者対策室(監修)被害者対策研究会(編著)(1998).『警察の犯罪被害者対策』立花書房、21-24頁
国家公安委員会・警察庁(2015).『平成27年警察白書』
Lemma, A., & Levy, S. (2004). The impact of trauma on the psyche: Internal and external processes. In S. Levy & A. Lemma

(Eds.), *The Perversion of Loss: Psychoanalytic perspectives on trauma.* New York: Brunner-Routledge, pp.1-20.

宮澤浩一・田口守一・高橋則夫(編)(1996).『犯罪被害者の研究』成文堂

内閣府(2012).『性犯罪・性暴力被害者のためのワンストップ支援センターの開設・運営の手引――地域における性犯罪・性暴力被害者支援の一層の充実のために』〈http://www.8.cao.go.jp/hanzai/kohyo/shien_tebiki/shien_tebiki.html〉

中島聡美(2012).「成人のＰＴＳＤ治療におけるアタッチメント理論の適応」数井みゆき(編著)『アタッチメントの実践と応用――医療・福祉・教育・司法現場からの報告』誠信書房、１０５-１２１頁

Sadock, B. J. & Sadock, V. A. (2003). *Kaplan & Sadock's Synopsis of Psychiatry: Behavioral sciences/clinical psychiatry. Ninth ed.* Philadelphia: Lippincott Williams & Wilkins. (井上令一・四宮滋子(監訳)(2004)『カプラン臨床精神医学テキスト――ＤＳＭ-Ⅳ-ＴＲ診断基準の臨床への展開　第２版』メディカル・サイエンス・インターナショナル、６７７-６８６頁)

第3章
民間支援団体における臨床実践

齋藤　梓

第1節　民間支援団体（公益社団法人被害者支援都民センター）における支援のシステム

1．被害者支援都民センターにおける支援の概要

近年、行政や民間支援団体による性暴力被害者支援が活発になり、性犯罪・性暴力被害者のためのワンストップ支援センターも全都道府県に設立された。本章では、民間支援団体における性暴力被害者支援の現状と課題を説明し、事例を通して支援の実際を述べる。しかし、民間支援団体の活動はさまざまであり、すべてを網羅する説明は難しい。そのため、民間支援団体の一例として、筆者の勤務する公益社団法人被害者支援都民センター（以下、被害者支援都民センター）を中心に取り上げる。

被害者支援都民センターは、性暴力の被害者だけではなく、殺人、強盗、傷害、暴行といった身体犯罪または交通犯罪による被害者や遺族を支援する機関である。今この本を読んでいる方の中には、こうした機関を知らない、何をするところなのか分からない、という方も少なくないだろう。そのため、まずは被害者支援都民センターの概要および業務内容を述べる。

犯罪被害を受けたあと、人は、食事がとれない、眠れないといった身体的・精神的な問題から、刑事手続への関与、経済的な困難、生活の問題など、さまざまな問題に直面する（図3-1）。また、なかには、加害者や加害

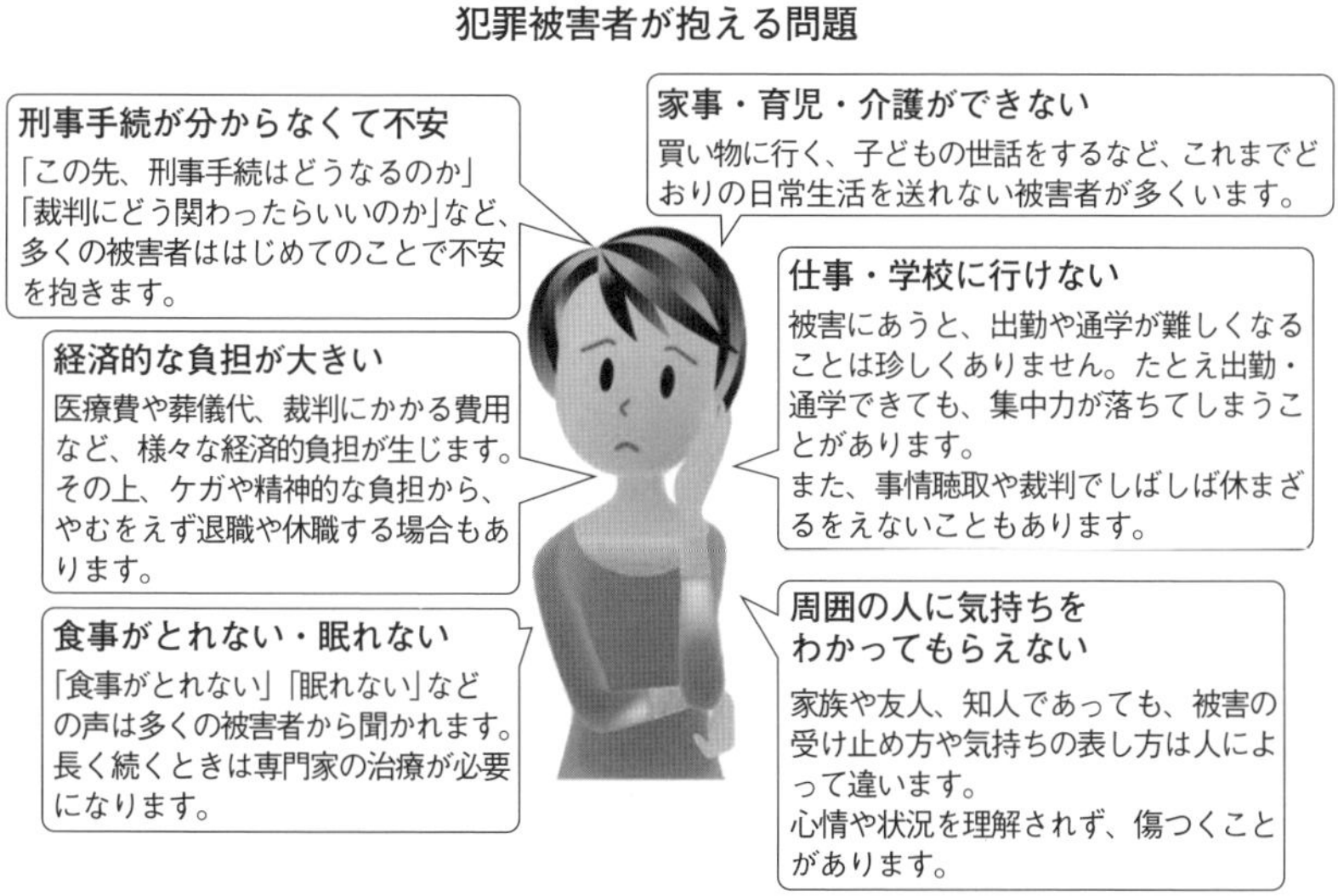

犯罪被害者が抱える問題

刑事手続が分からなくて不安
「この先、刑事手続はどうなるのか」「裁判にどう関わったらいいのか」など、多くの被害者ははじめてのことで不安を抱きます。

経済的な負担が大きい
医療費や葬儀代、裁判にかかる費用など、様々な経済的負担が生じます。その上、ケガや精神的な負担から、やむをえず退職や休職する場合もあります。

食事がとれない・眠れない
「食事がとれない」「眠れない」などの声は多くの被害者から聞かれます。長く続くときは専門家の治療が必要になります。

家事・育児・介護ができない
買い物に行く、子どもの世話をするなど、これまでどおりの日常生活を送れない被害者が多くいます。

仕事・学校に行けない
被害にあうと、出勤や通学が難しくなることは珍しくありません。たとえ出勤・通学できても、集中力が落ちてしまうことがあります。
また、事情聴取や裁判でしばしば休まざるをえないこともあります。

周囲の人に気持ちをわかってもらえない
家族や友人、知人であっても、被害の受け止め方や気持ちの表し方は人によって違います。
心情や状況を理解されず、傷つくことがあります。

（公社）被害者支援都民センター 広報啓発用パネル

図３−１　犯罪被害者が抱える問題

側の弁護士から連絡が入り対応を考えなければならない被害者や、自宅が事件現場となったために自宅に住むことができなくなる被害者もいる。性暴力被害者の場合には感染症や妊娠等の身体的リスクも関わってくる。そして、被害者はそれぞれの問題について、複数の専門職や機関とかかわりを持たなくてはならない。性暴力被害者支援において、産婦人科や泌尿器科、精神科等の医療機関、警察や検察等の刑事手続に関連する機関、あるいは弁護士や公認心理師、臨床心理士、社会福祉士といった専門職の果たす役割は大きい。

しかし一方で、被害者は新しい機関や新しい職種の人と話すたびに一から自分の問題を話さなければならず、それはとても大きな負担になる。そもそも、何をどこに相談したらよいか分からない、自分が何に困っているかも分からないという被害者も少なくない。被害者支援都民センターは、そのようなときに、被害者からの相談を受けて丁寧にニーズを汲み取り、今その人にどういった支援が必要かを考える役割を担う。また、被害者が警察や病院などに相談に行く必要がある場合に、付添い支援をすることや、被害者の状態について事前に説明を行うこともある。それぞれの機関および専門家の関わる領域は限られている。そこで、さまざまな機関をつなぎ包括的にサポートする機関が必要となる。

被害者支援都民センターは、被害者にとって包括的にサポートする機関、支援のベースとなる場所ということができる。まず、被害者のニーズやこれから行うことの優先順位を整理して次に相談する機関を一緒に考える。そして、新しい機関に相談に行く場合は、被害者の許可を得た上で情報提供書等を作成し、その機関に被害者の状態や主訴を伝え、被害者が何度も同じ話をしなくても済むようにする。また、付添い支援を行うことで、新しい場所でも一人ではないという安心感を被害者が抱けるよう努める。そうして、支援に関わる複数の機関をつなぎ、支援と支援のあいだを埋め、被害者が自分の人生を取り戻すまでの長期にわたって支える役割を、被害者支援都民センターは担っている。また、センターの心理職は、被害直後から中長期にわたって精神的支援を行い、必要に応じてトラウマに特化した専門的心理療法を提供している。

ここまで被害者支援都民センターの役割の概要を述べたが、実際どのような活動をしており、その中で心理職がどのような心理ケアを行っているのか、次項より現状を詳しく説明していく。

2．被害者支援都民センターにおける支援の具体的な内容

A．被害者支援都民センター（図3-2）

被害者支援都民センター（2000年設立）

・民間被害者支援団体（全国被害者支援ネットワーク加盟）
・犯罪被害者等早期援助団体（東京都公安委員会指定）
　―警察との連携（情報提供・付添等）
・犯罪被害者のための各種支援と相談事業（無料）
　・電話・面接相談、病院・警察署・裁判付添い、関係機関連携
　　自助グループ支援、広報・啓発、支援者養成
・犯罪被害相談員17名（都公安委員会認定／内公認心理師8名、社会福祉士3名）
・犯罪被害者直接支援員5名（人数は2020年12月現在）
・2008年より東京都人権部と協働事業を開始

図3-2　（公社）被害者支援都民センターとは

被害者支援都民センターは、全国被害者支援ネットワーク加盟の民間被害者支援団体であり、平成12（2000）年に設立された。平成14（2002）年度には、東京都公安委員会より犯罪被害者等早期援助団体に指定されている。

犯罪被害者等早期援助団体の指定を受けた団体は、被害者の同意を得た上で、警察から直接被害者の氏名や住所、犯罪被害概要等の情報の提供を受けることができる。通常は、被害者が警察から民間支援団体を紹介されその機関に相談したいと思った場合、自ら支援団体に電話をし、事件概要を話す必要がある。しかし、事件概要を一から話すことは、被害者にとって大きな負担となる。早期援助団体は、そうした場合に警察から情報を得ることができるので、被害者は一から話す必要がなく負担が軽減される。また、被害者が自分から電話をかけることに抵抗があるならば、団体から被害者に電話をかけることもできる。

被害者支援都民センターは早期援助団体であるため、警察から紹介される被害者も多く、警察と連携し支援することが可能となっている。しかし一方で、性暴力被害の場合、警察に被害届を出すことができない、あるいは出さない被害者も多く存在する。自分の被害を警察に届け出たとしても、警察は信用してくれないのではないか、相手にしてくれないのではないか、自分の

被害は犯罪とは呼べないのではないか、被害者は悩み葛藤することも多い。当然のことではあるが、被害者支援都民センターでは、警察への届け出の有無にかかわらず支援を行っている。

さらに平成20（２００８）年度から、被害者支援都民センターは東京都人権部と協働事業を開始した。それにより、犯罪被害者等のための東京都総合相談窓口の設置、精神科医および心理職等によるカウンセリングといった事業が始まった。２０２０年度は常勤と非常勤を併せて犯罪被害相談員が17名、うち公認心理師が８名、社会福祉士が３名、犯罪被害相談員よりも活動年数が少なく支援活動範囲が限られる犯罪被害者直接支援員が５名で、一日平均10名のスタッフが対応している。

B．相談内容

被害者支援都民センターで相談を受ける事件内容は、殺人や交通死亡、暴行や強盗、性暴力、誘拐等さまざまである。以前は遺族からの相談が多かったが、ここ数年は性暴力被害の相談件数が非常に多い（表3-1）。この背景には、犯罪被害者等基本法の影響、民間支援団体が世間に周知されつつあること、性暴力は暴力であり、被害について相談していいのだと知られ始めたこと、警察や検察等の関連機関において性暴力の被害者にはしっかりとした支援が必要だと認識され始めたことなどさまざまな要因があると考えられる。

被害者や関係機関が被害者支援都民センターに求める相談内容は、被害後の精神的影響に対する心理ケア、警察や医療機関・裁判への付添い支援、刑事手続の相談など多岐にわたる。また、「何を相談してよいか分からないけれど誰かに聞いてほしくて」という被害者もいる。そうした場合にも、丁寧に話を聴き、ニーズを整理する。

表３-１　被害者支援都民センター年間相談数（平成27年度）

罪　名	電話・メール・FAX・手紙	面接（件数）
殺　人	428	170
強　盗	153	81
性被害	1,825	534
暴行・傷害	191	31
虐　待	31	0
DV	27	0
ストーカー	141	0
交通（死亡）事故	744	309
財産的被害	138	2
その他の犯罪	135	28
死別・自殺	7	0
その他	229	4
計	4,049件	1,159件

付添い場所	件数
裁判所	152
代理傍聴	56
検察庁	86
警察署	15
自宅訪問	5
関係機関	62
病　院	6
その他	172
直接的支援	554件

C．業　務

被害者支援都民センターでは、犯罪被害者のための各種支援と相談事業、自助グループ支援、広報啓発活動、支援者養成などの業務を行っている。なお、活動は寄付や助成金などによって成り立っているため、支援は無料で提供している。ここでは性暴力被害者支援に最もかかわりの大きい、各種支援と相談事業について説明をし、性暴力被害者支援のひとつの在り方を提示する。

a．電話相談および面接相談

各種支援と相談事業では、主に電話相談や面接相談を行っている。被害者支援都民センターでは、はじめに電話で相談を受けることが多い。被害者本人から電話を受ける場合もあれば、子どもの被害の場合は保護者や学校関係者、社会人の場合は会社関係者から相談を受けることもある。また、医療機関や弁護士、検察官から支援依頼を受ける場合もある。先述した警察からの情報提供がある場合には、こちらから被害者に電話をすることもある。検察や警察、医療機関、弁護士等の関連する機関から紹介された場合はその機関に職員が向かい直接面接することもあるが、多くの場合、まず電話で相談内容を聴き、必要に応じて面接相談や関係機関への付添いといった支援へと移っていく。

面接相談は、基本的には来所相談である。しかし、事件後、恐怖から電車やバスなど公共交通機関を利用することができない、被害後の精神的反応により遠くに外出できないなど来所が難しい場合には、オンライン面接や電話面接、近くの警察署や被害者の自宅での面接を検討する場合もある。

b．直接的支援

電話相談や面接相談に加えて、被害者支援都民センターの行う大切な支援として、病院や警察署、裁判所、検察庁といった各種機関に被害者が行く際の付添い支援がある。これは直接的支援といわれる。今までの生活であまり関わりのなかった警察署や検察庁、裁判所に行くことは、被害者にとって精神的に大きな負担となる。ましてやそれぞれの場所で被害について何度も話さなければならず、裁判のときには証人出廷や意見陳述をする場合もある。たとえ病院などであっても、被害者は「被害のことをまた話さなければならないのか」、「何を聞かれるんだろう」、「どんな反応をされるのだろう」と不安を感じる場合も多い。直接的支援では、センターの職員が付添うことにより被害者が安心感を抱くことができる。警察や検察の事情聴取では同席が認められないこともあり、認められたとしても言葉を挟むことはできない。裁判所での証人尋問でも、ビデオリンクや遮へい（衝立）の中に入ってそばにいることはできるが、言葉を発することはできない。しかしそれでも、自分の味方がそばにいるという安心感は、被害者の心の負担を軽くする。また、事情聴取や裁判などの直後に被害者の気持ちの動揺が強い場合には、フォローをし、少し落ち着いてから帰宅を促すことも可能になる。

c．関係機関連携

さらに、関係機関連携も大切な業務である。被害者の状態やニーズを、被害者の了解を得て事前に伝えることで、関係機関での二次被害を防ぐことができる。二次被害とは、第三者の対応によって生じる被害者の苦痛であり、ここでは主に精神的苦痛を取り上げる。関係機関では、事情聴取や業務上の対応で、意図せず被害者に精神的苦痛を与えてしまうこともある。被害者は被害そのものでも大きなショックを受けるが、特に性暴力被害者の場合、この二次的な精神的苦痛によって傷がより一層深まることも多い。そのため、たとえば、性暴力の被害者が「事件のとき、自分は逃げられたのではないか。警察の人は、私が同意したと疑っているのではないか」という不安を非常に強く抱いているならば、「今、被害者は自責感が強く、自分が責められていると感じやすい状態にある。そのため事情聴取のときに、もしできるならば、なぜその質問をするのかを事情聴取後でもよいので丁寧に説明をしてほしい」と被害者支援都民センターから事前に伝える。また、被害による精神的後遺症で被害者の集中力が低下している場合には、「こまめに休憩を入れてほしい」、「何か説明するときはパンフレットを用意してほしい」と伝えることもある。病院の受診や弁護士への相談の場合にも、事件概要をセンターの職員が先に伝えることで、被害者が何度も同じ話をしなくてもよいようにする。ときには、関係機関から「被害者との連絡の間に入ってほしい」、あるいは「話した内容を被害者にかみくだいて説明してほしい」と要請が入ることもある。もちろん、大切な連絡や説明は関係機関が直接被害者に行うが、事前事後にワンクッション置くことで被害者の理解を深め、心情のフォローを行うことが可能になる。

このように、電話相談や面接相談はもとより、直接的支援や関係機関連携を含めて有機的かつ包括的な支援を行うことが、被害者支援都民センターの主要な業務である。後ほど支援事例を提示しながら、具体的に支援の説明を行う。

3. 被害者支援都民センターにおける心理職（臨床心理士／公認心理師）の役割

心理職は、これまで説明した業務の一部に携わっている。被害者支援都民センターでは、支援全体のマネージメントや直接的支援、刑事手続に関わる相談、他機関との連携は「犯罪被害相談員」という犯罪被害相談専門の相談員が行っている。心理職は、主に精神的支援を行う。

被害者支援都民センターでは、心理職は東京都人権部との協働事業の枠組みの中で採用されている。業務内容は、被害者が社会に復帰することを目標とした、面接相談や電話相談等の精神的支援である。相談内容は、被害によって生じた問題や精神的反応に限定されており、被害以前の問題や生育歴上の問題を扱うことはできない。基本的に、面接時間は1時間から1時間半で、回数は20回程度となっている。しかし、これは柔軟に変更が可能であり、遺族など長期に支援が必要な場合には、何年も面接を継続する場合もある。来所する被害者は、被害後数日から数か月と比較的早期の場合が多いが、中には被害から数年経ち、刑事手続等は終わっているがトラウマ関連症状が続いている場合もある。なお、東京都では、第3期東京都犯罪被害者等支援計画（2016年策定）に「PE療法等に基づく手法も取り入れており、心的外傷その他犯罪等により受けた影響から早期に回復できるよう、犯罪被害者等を支援します」と明記し、被害者が心的外傷後ストレス障害（以下、PTSD）や外傷性悲嘆あるいはそれに近い状態であると判断された場合、トラウマ焦点化認知行動療法のひとつであるPE療法等に基づくカウンセリング手法を導入することを推奨している。

他には、被害者の状態について専門的な説明が必要である場合など、心理職が対応したほうがよいと判断された場合には、関係機関との連携や警察等への直接的支援を行うこともある。

このように、被害者支援都民センターでの心理職の業務は、相談の目的や内容が限定されており、被害者支援に特化している。

A．心理職の面接内容

被害者から相談が入り、犯罪被害相談員がその被害者に精神的支援が必要であると判断した場合、心理職と犯罪被害相談員が協議した上で、心理職の面接や電話相談が導入される。

本書は性暴力被害者支援の本であるため、ここでは性暴力の被害者に対し被害者支援都民センターの心理職が行う介入について、①「支持的面接」、②「アセスメント」、③「心理教育」、④「リラクセーション」、⑤「トラウマ焦点化認知行動療法またはその構成要素を使用した面接」の５つを説明する。

①　**支持的面接**

多くの場合、心理職による面接では、被害者の状態や気持ちを傾聴することから始まる。被害者は、突然の、あるいは継続した性暴力被害によって傷つき、混乱している。被害直後の場合、被害者は面接開始から嗚咽することも少なくない。そのときは、安定をはかるために、ゆっくり呼吸をするように伝える、現実感を取り戻す質問をするなどのグラウンディング手法などを使用しつつ、被害者が話す内容を傾聴する。一方で、被害のショックが強く感情が麻痺し、淡々と話をする被害者もいる。「自分はあまりショックを受けていない」、「平然としている自分はおかしいのではないか」、「自分にカウンセリングは必要ないのではないか」と被害者が話す場合もある。その場合は、感情の麻痺が起きているのだと心理職が理解しながら、丁寧に今の状態を聴く。数回の面接で次第に感情の麻痺が取れてくる場合もあれば、定期的に面接を続け、少し安心感が回復してくるとともに感情が動き始め、恐怖や不安が現れる場合もある。また、被害者が、加害者はもとより、関係機関や支援者、家族などに強い怒りを示す場合もある。心理職は怒りに圧倒されすぎず、被害者の感情を尊重しながら傾聴する。面接の初期では特に、感情の麻痺や解離、トラウマ反応による強い怒りなど、心理職が性暴力被害後の精神的反応に関する知識をしっかりと身に付け、被害者の状態を理解しながら支持的に接することが非常に重要となる。

また、性暴力被害とは、不当な力による個人的境界の侵害であり、被害者にとって自己統制感や安全感の喪失を伴う体験である（齋藤ら 2007）。そのため、通常の面接よりもことさらに、相手の境界や守秘には慎重に接する必要が生じる。

② アセスメント

被害者支援都民センターにおいて、心理ケアは支援の一部である。支援全体の目標は、もちろん被害者のニーズにもよるが、被害者が自身の権利、生活、心身の健康をとりもどし、再び自分の人生を歩んでいくことである。心理職が行うアセスメントも、被害者自身のニーズを把握することと被害者の状態を見立てること、そして支援全体における精神的支援の位置づけや役割を見極めることが必要となる。

被害者が、気持ちを話す場所を望むのか、トラウマ反応の回復や社会復帰を望むのか、刑事手続に向けての心情の整理を望むのか、それとも被害以前の問題や家族の問題について取り扱うことを望むのか、被害者自身のニーズを把握することの大切さは、他の心理面接と同様である。また、面接を通して、あるいは心理検査を使用してトラウマ反応の程度を確認することも必要である。しかし、性暴力の被害者は、自身の状態やトラウマ反応を把握できていないことや、うまく言葉で説明できないことも多い。そのため、心理職の側がトラウマ反応やPTSDの知識をしっかりと持ち、被害者に説明しながら状態を見立てることが重要である。たとえば、PTSDの主要症状であるフラッシュバックについても、「パッと映像が頭に浮かぶ」という人もいれば、「眠る前にビデオ映像のように流れる」という人もいる。思春期以前の被害者の場合は、フラッシュバックが起きているという自覚はなく、ただ何かに圧倒されている感じがするという人もいる。そのため、フラッシュバックとはどういうものかを心理職が説明をし、反応があるかどうかをたずねる。また、回避症状についても、被害者自身が無意識のうちに事件と関係するものを避けている場合や、「もともと嫌いだから避けているだけだ」と主張する場合もある。こうした場合、被害概要から推測して、回避しているだろうものをこちらから問いかけていく必要が出てくる。さらに、医療機関への紹介が必要かどうかを考えることも大切である。被害者支援都民センターでは、被害者の不眠が強い場合、刑事手続を乗り越えるために安定が必要な場合などに、医療機関を紹介することもある。その場合、被害者に了解を得て、事件概要や現在の状態についての情報提供書を用意する。

何より、支援全体における心理ケアの位置づけや役割を見極めることが、性暴力被害者支援では重要である。その人の刑事手続や民事手続がどの段階にあるのか、それによってその人はどのような葛藤を抱き、どのくらい負担がかかっているのか、これから予想される刑事手続や生活の困難はどのようなもので、心理ケアはどの程度優先されるものなのか。現実的な安全や安心感が確保されなければ、心理的な回復も妨げられる。また、人によっては、刑事手続を乗り越えることで達成感や自己肯定感を得る場合もある。全体を見極めて適切な心理ケアを行うことが、性暴力被害者支援では求められる。

③　心理教育

性暴力被害者との面接では、心理教育が重要である。被害者は被害後の自分の心身の変化に戸惑い、「自分はおかしくなってしまったのではないか」、「自分は変なのではないか」、「この状態が永遠に続くのではないか」と不安が強まる。そのため心理教育を行い、心身の変化は被害によって引き起こされているもので、「衝撃的な出来事に対する通常の反応」であると被害者が理解すること、回復への見通しを持つことを促す。それにより、被害者は、「自分が変になったのではない」、「自分だけではない」と安心感を抱く。

被害者支援都民センターでは、被害者の状態にもよるが、初回あるいは2回目には必ず、被害者の状態を丁寧に聞き取り、心理教育を行う。心理教育は一方的に情報を伝えるのではなく、状態を聞きながら、ときにはこちらから「こういう状態はあるか」と尋ねながら、双方向的に行っていく。これは、トラウマ反応に対する被害者の不安や戸惑いに対して、心理職が共感的理解を伝える機会でもある。しかし、特に被害後早期の場合、被害者はとても混乱しているので、一度に多くの情報を伝えはしない。また、一度で被害者が理解できていると思わず、パンフレットなどを使用しながら何度かに分けて繰り返しトラウマ反応の説明を行い、面接が進んで行っても繰り返し説明することが重要である。

④　リラクセーション

心理教育を丁寧に行った後、必要に応じて「呼吸法」や「漸進的筋弛緩法」などのリラクセーションを行う。被害者は、被害によって身体保全・生命の危機を感じる。そのため、その強い恐怖は被害が去った後も消えず、不安が高く非常に緊張し睡眠も浅くなっていることが多い。リラクセーション技法を被害者自身が身に付け、就寝前などに毎日行うことで心身の緊張が徐々に和らいでいく。

⑤　トラウマ焦点化認知行動療法あるいはその構成要素を使用した面接

性暴力被害者がＰＴＳＤであると考えられる場合には，時期をみて「トラウマ焦点化認知行動療法プログラム」を導入する。被害者支援都民センターで性暴力被害者に対して導入しているトラウマ焦点化認知行動療法プログラムは，成人は「ＰＥ療法（Prolonged exposure therapy）」，子どもは「ＴＦ-ＣＢＴ（Trauma Focused Cognitive Behavior Therapy：子ども用のトラウマフォーカスト認知行動療法）」である。なお，ＰＥ療法については，同療法の創始者であるペンシルベニア大学のエドナ・フォア教授より認定されたＰＥスーパーバイザーの資格をもつ４名の心理士，そしてＰＥセラピストの資格を持つ心理士が主に実施している。ＴＦ-ＣＢＴについては，兵庫県こころのケアセンターから技術支援を受けながら導入している。

ＰＥ療法は，ＰＴＳＤを対象としたトラウマ焦点化認知行動療法のなかでも代表的な曝露療法の技法であり，現在まで最も多くの効果研究によりその有効性が実証されてきた（Foa et al., 2009 飛鳥井監訳 2013; Powers et al., 2010）。また，わが国においても有効性が明らかにされている（Asukai et al., 2010）。ＴＦ-ＣＢＴは，トラウマを受けた子どもに対して開発されたプログラムであり，ＰＥ療法同様に多くの効果研究によってその有効性が実証され（Cohen & Mannarino, 1998; Cohen et al., 2006; Deblinger et al., 1996），日本においても有効性の検証が行われている（亀岡ら 2013; Kameoka et al., 2015）。それぞれのプログラムの詳細は参考文献を参照していただきたい。

被害者支援都民センターでは，被害によるＰＴＳＤ症状があり，治療を優先すべき重度のうつ病，統合失調症，重篤な解離症状等がないといった適応を検討した上で，このプログラムを被害者，あるいは未成年の場合には被害者と保護者に説明する。また，同意が得られたものに限るが，実際にプログラムを受けた人の感想文や，感想を述べた映像を、個人情報を消去してから提示する。被害者は自分が回復したときのイメージを持つことが難しく、プログラムへの抵抗を示す場合もある。そうしたときに、このような映像や感想文を見て、回復への効力感が高まり、プログラムを行うことを決める被害者も多い。トラウマ焦点化認知行動療法を受けるかどうかは、被害者本人が決めることである。ただ、筆者の被害者支援都民センターでの経験からは、被害者はトラウマ焦点化認知行動療法への不安よりも、PTSD症状の苦しさのほうがよほど強く、プログラムを提示した場合には実施を希望する場合がほとんどである。

ただし、トラウマ焦点化認知行動療法の導入時期は慎重に検討する。警察や検察での事情聴取等、刑事手続が進行している段階、あるいは裁判での証言が控えている段階でトラウマ焦点化認知行動療法を行うと、被害者への負担が大きすぎる場合がある。被害者支援都民センターでは、関係機関と連絡を取りながら、刑事手続の進行を鑑みつつ、被害者にとって最も適切なタイミングを検討し、トラウマ焦点化認知行動療法の導入を行っている。

これまで述べたように、被害者支援都民センターでは性暴力被害者に対し、被害に特化した面接を行っている。被害者が被害から回復し、自分の人生を取り戻していくプロセスを一緒に歩んでいくことが、被害者支援都民センターでの心理職の役割である。

B．精神的支援の利点

被害者支援都民センターにおいて、心理職が精神的支援を行う主な利点は、3点挙げられる。1点目は、被害後早期から中長期まで関わることが可能なことである。被害後、被害者には不眠や食欲不振、フラッシュバックといったトラウマ反応に加え，自分を信じられない，加害者と同じ性別の相手が怖い，他人を信用できないといった非機能的な考え方も生じる。家族や友人との関係，パートナーなど親密な他者との関係が破綻する被害者も少なくない。また，仕事や学校に行くことができず，社会生活に支障が生じる場合もある。一人で刑事手続などに取り組む中で，二次被害を受ける場合もある。被害者支援都民センターにおいて心理職が被害後早期から関わることで，被害者の早期回復を促すことができ，上記のような二次被害などの余計な傷つきを軽減することも可能となる。

２点目は，刑事手続の流れを見つつ精神的支援が提供可能な点である。警察や検察，病院，弁護士などと連携を取りながら包括的な支援を行うため，被害者の刑事手続を支え，その負担を考慮しながら心理ケアを行うことができる。これによって，適切な時期にトラウマ焦点化認知行動療法などの専門的な心理療法の導入も可能になる。

３点目は，民間の団体であるため，被害者の希望を優先することが可能な点である。被害者支援都民センターは，警察には届出しないが弁護士や医療機関に相談に行きたい場合にも，紹介や付添い支援を行っている。心理士も刑事手続，そしてそもそも警察に届出するかどうかという被害者の迷いや決定，それに伴う心の動きに寄り添うことが可能となる。さらに，医療機関ではないので，受診の必要がない場合にも相談を継続することができる。

C．精神的支援の問題点

一方，被害者支援都民センターにおける心理職の精神的支援には検討すべき点もある。１点目は，類似機関との役割分担である。性暴力被害であっても，ＤＶや虐待などの場合，配偶者暴力相談センターや児童相談所など、他の専門機関を紹介する場合が多い。しかし、たとえば加害者が警察に逮捕され刑事手続が行われる場合には、被害者支援都民センターで支援を行うこともある。2点目は、被害者支援都民センターでは被害以外の問題を扱うことはできない点である。被害後の支援に特化しているため、被害以前の生育歴の問題やパーソナリティの問題に踏み込むことは難しい。そうした際には、被害に関わる部分の支援が終わった後に医療機関や民間の心理相談機関を紹介する場合もある。3点目は、医療機関が併設されていないため、激しい自傷行為や、面接中に意識喪失をしてしまうような重篤な解離症状がある場合、対応が困難な点である。

被害者支援都民センターは民間支援団体であり、民間だからこそ柔軟に被害者のニーズに対応することが可能であり、また他の専門機関の支援と支援の間を埋めることも可能である。しかし一方で、医療機関ではなく民間であるゆえに、支援の対象が限られるという点は今後検討されるべき点である。

4．民間支援団体の課題

被害者支援都民センターを含めた全国被害者支援ネットワーク傘下の団体について考えるならば、今後の課題は、相談に関わる人員の育成、経済的基盤の安定、広報啓発、関係機関とのよりいっそうの連携強化であろう。

まず相談に関わる人員の育成である。各センターが関わる支援数は地域によって大きく異なり、特に性暴力被害は都心部で相談件数が多い。また地域風土の問題もあり、地域ごとに被害者支援センターに求められる役割は変わる。しかし、役割は違えど、どの地域でも同じレベルの支援が受けられることが理想であろう。そのため、できるだけ質の高い人員を育成し、その地域の特性はもちながらも、どの地域でも質の高い支援を受けられるようにすることが今後の課題となる。

次に、経済的基盤の安定である。被害者支援センターだけではなく、民間支援団体の多くは、寄付金や地方自治体からの助成金、補助金で成り立っている。それは、支援を無料で提供するためである。性暴力被害者を支援する経済的な制度もいくつかはあるが、すぐに支給されるものではない。被害者は被害後しばらく、自らお金を支払って病院やカウンセリングに行き、弁護士を頼まなければならない。仕事を休んでも保障がすぐに得られるわけではない。そのため、被害者が経済的な不安を抱かずに必要な支援を受けられるよう、民間支援団体の多くは支援を無料で提供している。しかし、質の高い人員を確保し、息の長い支援を行うためには、組織の経済的基盤の安定が必要である。

そして、広報啓発、および関係機関とのより一層の連携強化である。社会には、まだ性暴力被害への誤解や先入観が存在している。それらは、性暴力被害を受けた人が支援を求めづらい、人に被害を言いづらい状況を作る一因である。性暴力被害を受けた後に、必要に応じてさまざまな支援を受けることが普通のこととして認識される社会になるためには、まだまだ広報啓発が必要である。そして、性暴力被害の支援をより包括的なものとするためには、関係機関とのより一層の連携強化が必要である。最初にも記したとおり、性暴力被害者の直面する問題は多岐にわたる。一つの機関での支援には限界が生じる。また、警察や検察、医療、心理、司法などそれぞれの専門機関にはそれぞれの役割がある。民間支援団体が関係機関との連携を強化し、それぞれの機関の役割をつないでいくことで、より隙間のない、包括的な支援が可能になると考えられる。

第2節　事　例

本稿では、成人と子どもの二つの性暴力被害者支援事例を取り上げる。成人の事例では、刑事手続を考慮に入れながらどのように心理ケアを進めていくか、ＰＥ療法の紹介もしつつ述べる。子どもの事例では、性暴力被害が子どもに与える影響、および保護者と子どもの双方を支えるプロセスについて述べる。なお事例は、いくつかの事例を組み合わせて作成した典型例である。

1．成人の性暴力被害者支援事例――刑事手続と精神的支援の兼ね合い

A．事例の概要と相談の始まり

被害者は30代女性Ａさんであり、会社からの帰宅途中に強姦被害に遭遇した。Ａさんは被害後、警察に通報した。数週間後、犯人は逮捕された。Ａさんは、警察での事情聴取では非常にしっかりと応対していたが、事件から1か月が過ぎて精神的な不調が続き、担当刑事に相談した。担当刑事は、Ａさんに被害者支援都民センターを紹介し、本人の了解を得た上で、事件概要と連絡先を当センターに連絡した。当センターの犯罪被害相談員は、指定された時間にＡさんに電話をした。

【被害者は、事情聴取など警察と関わる際には、気丈に対応することも多い。しかし、実は非常に多くの性暴

力被害者がトラウマ反応に悩まされているため，大丈夫だと思ってしまわないよう注意が必要である。また，被害者支援都民センターは前項でも記したとおり「早期援助団体」の認定を受けており，被害者自身が望んだ場合，事件概要と本人の情報を警察からセンターに伝えることができる。被害者は，事件概要を話すことを苦痛に感じたり，相談機関に抵抗を感じたりすることも多く，スムーズな支援を行う上ではこうした機関連携が重要である。】

B．最初の電話相談

犯罪被害相談員がAさんに電話をかけた。「警察からお話を聴きました。今のご様子はいかがですか」と尋ねたところ，Aさんは，これから検察庁での事情聴取があるが，今は夜に一人で出歩くことが怖いため，仕事の後で検察庁に行くことが不安だと語った。そこで犯罪被害相談員が検察庁での事情聴取に付添うことを提案した。Aさんは，電話口でほっとしたような様子を見せ「こんなこと，友達にも親にも言えない。だから一人でがんばるしかないと思っていた」と語った。その後，相談員が心理職に電話を代わった。心理職が自己紹介をし，Aさんに「今は，眠ることはできていますか」と水をむけると，Aさんは，眠ろうとすると事件のことが頭をめぐり眠れない，甘いものを過剰に摂取する，眠れていないからか仕事にも集中できず非常に困っていると話した。心理職は「考えたくないのに，事件のことを思い出してしまうんですね」と伝えた。Aさんは「そうなんです！パッパッと頭に浮かんでくる。毎日苦しい」と答えた。心理職からは「とても大変なことがあると，多くの人が，眠れなくなったり，過剰に甘いものを食べたくなったり，集中力が下がったり，事件がフラッシュバックしたりします。それだけ，心は傷ついたのだと思います」と心理教育を行った。そして，来所相談を勧めた。しかしAさんは「検察にも行かなくちゃいけないし、仕事を休みたくなくて。仕事の後だと遅くなってしまうから。今は、こうして話を聞いていただけてよかったです」と来所には消極的であった。心理職は無理に来所を勧めず、仕事に行くことはあなたにとって大切なことだと思う、まずは検察での事情聴取を何とか乗り切りましょうと伝え、電話相談の予約を取った。また、相談員からAさんに、検察庁に挨拶の連絡を入れたいこと、できればAさんの状態を心理職から伝えておきたいことを伝え、了解を得た。

【被害者は被害後、外出困難、不眠、食欲不振あるいは増加、フラッシュバック、集中力低下、自責感などさまざまなトラウマ反応を示す。ここでまず大切なことは、一方的にトラウマ反応を伝えるのではなく、被害者から丁寧にトラウマ反応を聞きだしながら双方向的に心理教育を行い、「それは大変な出来事に対して多くの人に起こる心身の正常な反応である」とノーマライズすることである。被害者は自分でトラウマ反応を説明できない場合もあり、ときには心理職から、こういう反応はないかと尋ねることも大切である。また、被害者は被害によって通常の生活を失いがちである。仕事をしっかり行いたいという気持ちは、「自分は被害に遭ったけれど、ちゃんと日常を送ることができる」という、被害者の自己効力感や自己統制感を維持する非常に大切なものであり、状態との兼ね合いを見てそうした気持ちを尊重することも重要となる。もちろん、被害者の状態によっては休息が優先されることもあり、その見立てはしっかりと行わなければいけない。また、被害者にとって、検察や警察での事情聴取は緊張も強く負担が大きい。刑事手続が進んでいる段階では、まずは、出来る限り傷つきを少なく手続を乗り越えられるよう支援することが重要となる。】

C．直接的支援から面接相談開始まで

検察で事情聴取が行われる前に、犯罪被害相談員から担当の検察官に連絡を入れた。また、心理職からAさんの状態について説明を行った。検察官からは、警察からはしっかりした人だと聞いていたため、精神的に不安定だと知らなかった、こちらも配慮を行う、という話があった。検察での事情聴取は、犯罪被害相談員が付添いをした。検察官からも、質問の仕方や休息の入れ方など、さまざまな配慮があった。事情聴取後、Aさんと相談員はAさんが少し落ち着くまで時間を一緒に過ごした。そこでAさんから、実は面接相談に行きたいのだが夜が怖く、仕事の後に面接に行くと一人で帰宅できない、でも仕事は休みたくないということが語られた。そこで相談員は、面接の後、担当の警察官あるいは相談員が自宅まで送り迎えを出来ないか、検討する旨を提案した。相談員が担当の警察官に連絡をしたところ、被害者支援都民センターでの面接後、時間が合うときには担当の警察官が、合わないときには相談員が自宅まで送ることで了承を得た。

【検察や警察と連携を取ることも、被害者支援では重要である。性暴力被害者に対し、警察では、被害者が希望した場合に女性警察官が対応するなど、さまざまな配慮を行っている。検察庁では女性検察官が対応できない場合もあるが、被害者の精神状態を考慮するよう努めている。しかし、被害者が自分の状態をうまく説明できないと、配慮の必要性を見逃される場合もある。そうしたときに、被害者の代わりに、支援者が被害者の状態を説明することで、関係機関による支援がいっそう適切なものとなり、包括的な支援が可能になる。】

D．初回の面接相談

警察の担当者か相談員が帰宅時に付添うことで、被害者支援都民センターでの心理職による面接が開始された。

Aさんは、緊張した様子であった。心理職は、検察での事情聴取をねぎらって、そのときの様子を尋ねた。Aさんは「こんなに何度も事件のことを話すとは思わなかった」「でも、検察の人がとても気を遣ってくださっているのが分かって安心した」と答えた。その後、Aさんは眠れずに困っている、と話しだした。夜中の3時ごろまで寝付けない、眠りも浅いとAさんは語った。「お電話では、眠るときに事件がフラッシュバックすると仰っていましたが、事件に関係した夢を見ることはありますか」と心理職が尋ねると、Aさんは「夢で襲われそうになる。目が覚めたときに、どこにいるのか自分でも分からなくなる」と答えた。そのほか、通勤中に男性を見ると殺意のような強い怒りがわいてくる、外を歩くときにいつも後ろを気にする、仕事に集中できない、とAさんは話した。心理職は、外を歩くときに緊張していないか、肩に力が入っていないか、仕事の順序だてができなくなっていないか、仕事中も周りが気になったり、事件を思い出したりしないかなど尋ねた。すると、Aさんは「そうなんです！　何かしていても事件のことを思い出して、女性の同僚であっても、後ろから肩をたたかれるとびっくりしてしまうんです。肩こりもひどくて」と話し出した。心理職は、トラウマ反応の書かれたパンフレットをAさんに見せ、一つ一つのトラウマ反応を確認しながら心理教育を行った。そしてパンフレットに書かれていることの一つ、自責感について「こうした出来事の後、出来事について自分を責めてしまう人も多くいらっしゃいます。Aさんは」と尋ねた。それまでにこやかに話していたAさんは、そこで初めて泣き出した。「事件について、あの時自分がスーパーに寄ったからいけないのかとか、何で逃げなかったんだろうとか、私が悪かったんじゃないかと思う」、「そう思うと、もう生きていたくない。何で私、がんばって生き延びたんだろう。死んでしまったほうが良かった」、「もう私には未来がない。自分が気持ち悪いし、人が気持ち悪い」とAさんは一気に話した。心理職はAさんの気持ちをよく傾聴した。Aさんが少し落ち着いた後で「今は、自分を責めてしまうだろうし、本当に、生きているのが苦しいほどつらいのだと思います。通常、こうしたショックな出来事の後の心や身体の反応は時間とともに落ち着いていくことが多いのですが、特に性的な被害の場合、ショックが非常に強くて反応が長引きやすい傾向があります。今の状態を少しでもよくしていくために、ここで相談を続けましょう」と提案した。そして、過剰な緊張を緩めていくために呼吸法を伝え、次回の面接まで一日数回行うよう伝えた。

【この初回の面接のポイントは、検察での気持ちの傾聴、心理教育、リラクセーションである。また心理職はこの時点でＡさんのＰＴＳＤを疑い、まず心理教育とリラクセーションをしっかりとすること、クリニックを紹介すること、ＰＥ療法の導入を検討することを方針として考えた。】

Ｅ．その後の面接相談とＰＥ療法に関する話し合い

その後の面接では、継続している刑事手続について犯罪被害相談員が相談に乗り、心理的なケアについては心理職が行った。相談員は、主に検察と本人との連絡調整、検察庁へ行く際の付添い、裁判に向けて弁護士の紹介、弁護士事務所訪問の際の付添いなどを行った。

心理職は、まだ刑事手続がさまざまある段階であり、本人の安定化が優先されると判断した。そのため、不眠に対してクリニックで投薬を受けることを勧めた。Ａさんは薬に抵抗があり、また、事件のことを話したくないのでクリニックは嫌だ、と答えた。そこで、心理職が投薬への不安を傾聴した。そして被害者支援都民センターで連携している医師を紹介し、センターから、事件概要や今のＡさんの状態を記した情報提供書を渡すことを提案した。そして、今後の経済的保障や裁判のことを考え、診断書が必要になった場合なども想定して、クリニッ

クにかかることを勧めた。Aさんは、センターから情報提供されることに安心し、クリニックに通院することとなった。クリニックで、AさんはPTSDの診断を受けた。センターでもPTSDについての説明をし、専門的な治療法であるPE療法があることを伝えた。しかし、検察や弁護士から、裁判で事実関係についてAさんが証言する可能性があると伝えられたこと、刑事手続の負担が今は大きいこと、Aさん自身が裁判が終わったら精神的に安定すると期待していることから、専門的な治療はひとまず見送ることとした。

面接では、裁判への不安も語られた。「証言する可能性があることが、とても怖い」、「証言をしても、裁判官は分かってくれるだろうか。なんでこの人逃げなかったのって思うんじゃないか」、Aさんはこうしたことをたびたび語った。心理士は、裁判への不安に共感を示しつつ、相談員とともに証言する場合には証言の前に検事や弁護士との練習があること、相手の弁護士からの質問も、検事やこちらの弁護士が想定して練習できることを伝えた。さらに「自分が一番、なぜ逃げなかったのか自分を責めているので不安になるのではないでしょうか。しかし、恐怖を感じたときに多くの被害者は怖くて逃げられなくなります。Aさんに起きたことをAさんの言葉で話すことで、事実が分かりやすくなると思います」と伝えた。

【刑事手続が継続している間は、心理ケアは刑事手続の支援と両輪で行われることが重要である。また、ここでの面接のポイントは、裁判への不安の傾聴、クリニックの紹介、PTSDの見立て、PE療法の紹介と導入時期の見極めである。特に、裁判で被害者が証言をしなければならない場合、負担の大きさからPE療法の導入は慎重に検討すべきである。】

F．裁判終了とPE療法の導入

裁判では、Ａさんは被害者参加制度を利用した。Ａさんは基本的には裁判には行かず、弁護士が代理人として出廷し、相談員がＡさんの代わりに傍聴をした。しかし、裁判でＡさんは証言をすることとなったため、相談員と弁護士とＡさんとで話し合い、別室から証言を行うビデオリンクの利用を希望した。相談員はビデオリンク用の別室に同席し、証言するＡさんを支えた。

Ａさんは、証言の直前には面接で非常に強い不安を語っていたが、証言の後の面接では「ビデオリンクの部屋に、相談員の人がいてくれてよかった。一人じゃないと思えた。相手の弁護士からの質問は傷つきもしたけれど、終わった後にこちらの弁護士も相談員もとても誉めてくれて、がんばったなって思えた」と語った。

判決では、Ａさんの求める年数ではなかったが、懲役刑が出た。Ａさんは、ほっとした様子を示した。しかし一方で、刑への不満や、判決が出てもトラウマ反応が続いていることも語った。「刑務所に入っていてくれるのだと思うとほっとする。これで、しばらくは報復とかにおびえなくてもいい。でも、出てきたとき、また襲われるんじゃないか、復讐されるんじゃないかと怖い」、「刑が短い。悪いことをしたのに、数年で出てきてしまう。被害を受けたこちらはこんなに苦しいのに、相手はただ数年、刑務所に入ったらそれで終わりなのか」、「裁判が終わればすべて終わると思っていた。でも、何も変わらない。やはり一人で歩くことは怖いし、男性は嫌だし、フラッシュバックも消えない」と、Ａさんはさまざまな気持ちを抱いているようだった。心理職からは、裁判が一段落したので、次はＡさん自身の生活を取り戻すことを考えたいと伝えた。そして、再度、ＰＥ療法について検討することを提案した。Ａさんは「やはり、このままは嫌だ。ちゃんと仕事ができるようになりたいし、今の状態が続いたら私はおかしくなってしまう」と語り、ＰＥ療法を受けることを了承した。

【裁判では、被害者参加、意見陳述、証言など被害者が裁判に関わるさまざまなポイントがある。性暴力被害者支援では、心理職もこうした知識を持つことが大切である。知識を持つことで、被害者が直面する問題や、被害者の抱く不安を具体的に考えることが可能になる。また、被害者の多くは、裁判が終われば精神的にも回復するのではないかと期待を抱いている。しかし、筆者の体験では、裁判によって達成感や自己肯定感が得られたとしても、精神的な後遺症のすべてが回復することはあまりない。そのため、裁判が終了し、刑事手続の負担が軽減したタイミングで、トラウマ焦点化認知行動療法を導入することも多い。】

G．AさんのＰＥ療法の概要

ＰＥ療法は、おおむね8回から12回程度のプログラムとなっており、心理教育とリラクセーションを行った後、日常生活の中で回避している事物に段階的に向き合っていく実生活内曝露、トラウマ体験の記憶に向き合っていくイメージ曝露の二つの曝露を行っていく。

ＡさんのＰＥ療法のセッション回数は、全部で10回であった。ＰＥ療法開始前後にＡさんのＰＴＳＤ症状をＰＴＳＤ臨床診断面接尺度（Clinician-Administered PTSD Scale：CAPS）と改訂出来事インパクト尺度（Impact of Event Scale-Revised：IES-R）で評価したところ、ＣＡＰＳが80点台から20点台へ、ＩＥＳ-Ｒが60点台から10点台へ改善がみられていた。これは重症から中等症程度のＰＴＳＤ症状から、ＰＴＳＤと診断されない程度の状態への著しい改善である。

ＰＥ療法のプログラム前、Ａさんは自分自身について「事件当時、逃げるタイミングがあったのに逃げなかった。それを人に知られたくない。私は勇気のない人間だ。本当は同意していたんじゃないか。自分は最低な人間だ」、「いつまでも事件に囚われている自分は弱い人間だ。将来に希望もない、自分はだめな人間だ。生きている資格なんてない」と語っており、非常に強い自責感や自己否定感、自己嫌悪感が見られた。

イメージ曝露を初めて行った翌日、Ａさんには、今まで以上に強いフラッシュバックが起きた。Ａさんはイメージ曝露が始まった当初「面接に来るのは気が重い」と語っていた。しかし、同時にイメージ曝露を行ったことで、事件のときに殺されると思ったことや強い恐怖を感じたことを思い出し、なぜ自分が逃げられなかったのかを想起した。Ａさんは「怖くて身体が動かなかった。それに、逃げたら本当に殺されると思った」と語った。さらにイメージ曝露を続けていくと、フラッシュバックが軽減していき、事件のときに、逃げたら本当に逃げきれるか何度も考えたこと、逃げずに従っていれば殺されないかもしれないと考えたことが想起された。それによって、Ａさんに、自分は殺されないために必死だった、何とかその場を切り抜けようと努力をしていたという自己肯定感が芽生えた。そして、「これだけ怖い思いをしてこれだけ傷ついたのだから、いろいろな反応はむしろ自然だと自分で思える」と話した。このように、強い自責感や自己否定感は消失し、自己肯定感が生まれた。そのほか、男性や事件を想起させるために避けていた事物に段階的に向き合い、電車に乗ることやエレベーターに乗ることへの抵抗も薄れていった。男性恐怖や嫌悪は顕著に改善し、男性や背後を警戒しなくなったことで仕事への集中力も回復した。一人での帰宅は、まだ少し緊張があったが、電車やバスには普通に乗ることができるようになり、ＰＥ療法終了間近には「もう大丈夫だと思える」とＡさんは話した。

【ＰＥ療法は、トラウマ記憶や、トラウマに関連するために避けている事物に段階的に向き合っていく、曝露療法の一種である。トラウマ記憶に向き合うイメージ曝露開始後、一時的に症状が増悪することもある。しかし、次第に記憶が処理され、落ち着いて出来事を想起できるようになり、被害時の思考や感情、行動が思い出される。そして、被害者自らが被害時の自分の行動を再検証し、自責感が修正されていくというプロセスが生じ

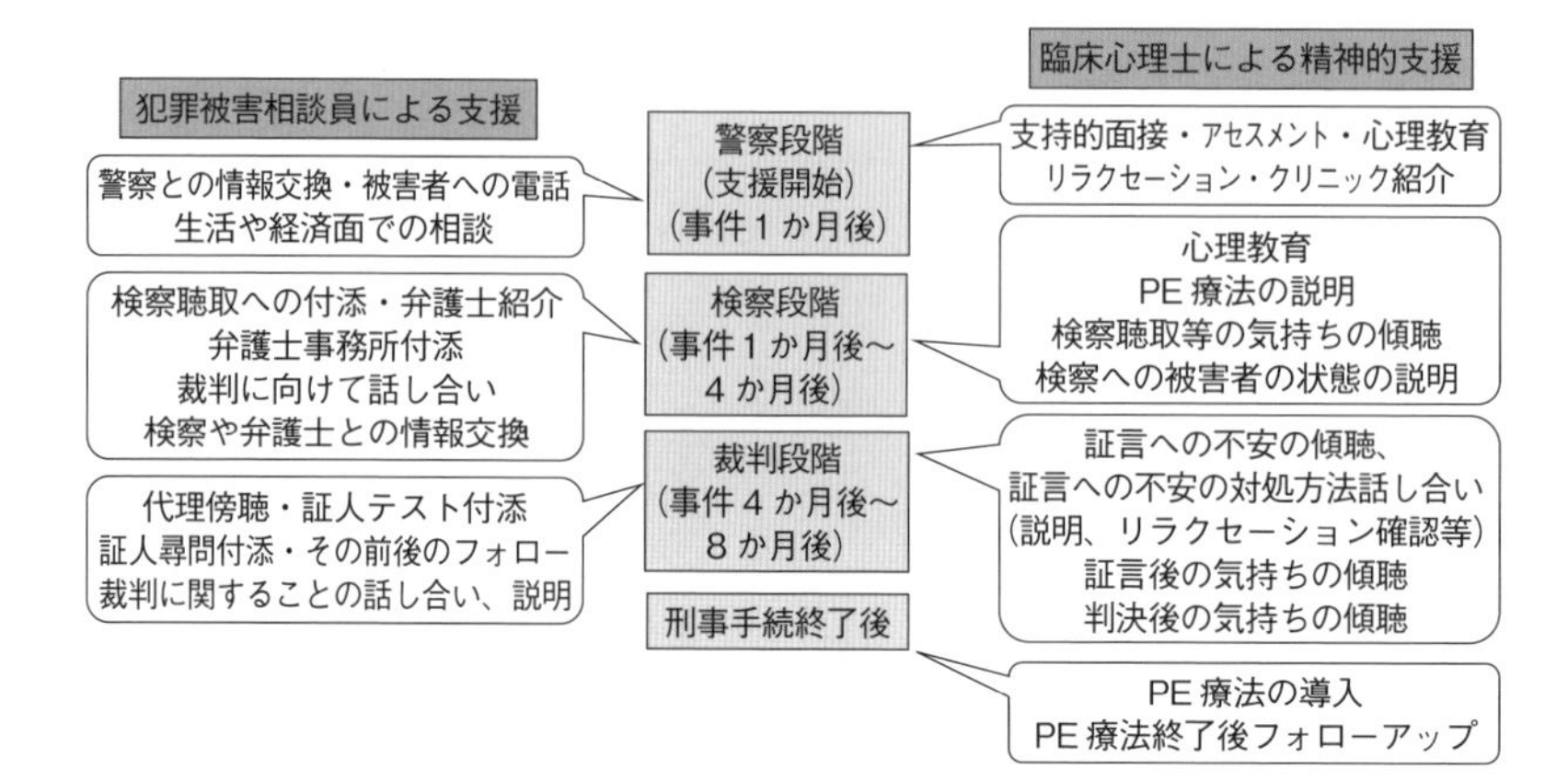

図3-3　Aさん事例の支援経過図

る。】

H．面接の終了

PE療法終了後、Aさんは問題なく仕事を継続することができた。被害によるトラウマ反応は、ほとんど消失あるいは軽減した。被害者支援都民センターでは、1か月後、3か月後、半年後など折に触れてフォローアップ面接を行った。しかし、それも次第に必要なくなり、面接は終了となった。

PE療法終了後、Aさんはこう語った。「事件が起きてからまだ1年も経っていないのに、事件で見える世界が大きく変わって、でもまた元に戻りました。戻れるなんて思ってもいなかった。自分に向き合うことはとても苦しかったけれど、支えてくれる人がいることや、人を信じることの大切さを感じることもできたと思う。また、人を好きになりたい。恋愛もしたい。もう一度、人生をがんばりたい。今はもう、電車で男性の隣に座っても、嫌悪感はない。そうして普通に過ごせることが、すごく嬉しい。自分はとてもがんばったんだと、今は胸を張って思える」。

Ⅰ．まとめ（図３-３）

一つ目の事例では、被害者支援都民センターにおける成人の性暴力被害者支援の実際を提示した。成人の性暴力被害者の場合、面接の初期にはニーズの把握やアセスメント、心理教育、リラクセーションを行うことが重要である。また中長期的には、特に刑事手続のさなかにいる被害者の場合、どういった包括的支援が必要か、心理ケアでは何を優先するべきかを検討することが必要になる。そして、刑事手続を支えながら、タイミングをみてトラウマ焦点化認知行動療法を導入する。常に心がけることとしては、支援全体を見て介入を考えること、そして、面接の方針や刑事手続、トラウマ焦点化認知行動療法の導入などについては、よく話し合ったうえで、被害者の考えや決定を尊重することである。

２．子どもの性暴力被害支援事例――保護者と子ども双方の心理ケアを行う

Ａ．事例の概要と相談の始まり

被害者は、小学生のＢさんであった。Ｂさんは、同級生からわいせつな行為を何度か強要された。一度母親に被害を打ち明けたが、母親は「そんなわけないでしょう」とそのときは話を聞き流した。しかし、夜尿や登校しぶり、暴力的な行為などが見られるようになり、母親が異変に気が付いてＢさんから話を聴き、事件が発覚した。母親は警察に通報し、加害少年には児童相談所が対応した。母親はＢさんの状態を心配し、インターネットで被害者支援都民センターを見つけて、電話をかけてきた。犯罪被害相談員が、母親とＢさんの来室を勧め、来

所面接を行うことになった。

【子どもの性暴力被害の場合、加害者が近所の人や教師など知人であることも多い。また、保護者は子どもからの訴えを見逃してしまうこともある。これは後々、保護者の強い自責感となる。】

母親とBさんが被害者支援都民センターに来室し、母親には心理職と犯罪被害相談員が、Bさんには別の心理職が対応した。

B．初回の面接

母親の面接では、加害者への怒り、加害者家族に引っ越しと転校を要求したいという思い、Bさんの状態への不安、最初にBさんが被害を打ち明けたときにきちんと対応しなかった自責感が語られた。加害者はこれまでどおり学校に通っているため、Bさんの安全が確保できないと考え、両親はBさんに学校を休ませているということだった。加害者対応については犯罪被害相談員が話を聴き、弁護士を紹介することとなった。心理職は、母親からBさんの状態を聞き取り、自責感を傾聴し、継続面接を提案した。母親はBさんの状態について、家では普通に過ごしているが、ときどき腹痛や微熱があることが気になると語った。それが被害の影響なのかそうではないのか分からず、対応を悩んでいるということだった。心理職から、子どもであっても被害を忘れることはなく、被害によって心身にさまざまな影響がでる可能性があることを伝えた。子どものトラウマ反応と保護者の対応について書かれたパンフレットを渡しながら、心理教育を行った。

Bさんの面接では、心理職は、被害者支援都民センターに来た理由について母親からどのように説明を受けているか尋ねた。Bさんは「Bが、ちょっといろいろあって、お熱が出たりお腹がいたくなってしまうから、心配だから行こうって言われた」と答えた。心理職は「私は、お母さんから、Bさんに起きたことを聴いているの。Bさんは今回、ちょっといろいろあったんだよね。そのあと、Bさん、心とか身体が、ちょっといつもと違うなっていうことはないかな」と尋ねた。Bさんは「ときどき、いろいろあったことを思い出す。なんか、ぽんって出てくる。そうすると、お腹が痛くなる」、「お母さんもお父さんも、大変そうで、Bがいけないことをしたのかなって思う」、「学校は、怖くて行きたくないなって思う」などと話した。心理職は、Bさんの年齢に合わせた言葉で、子ども用のパンフレットを使用しながら心理教育を行った。その後、漸進的筋弛緩法を行い、「お腹が痛くなったときとか、胸が苦しいなっていうときとか、これをすると少し身体がふわ～って楽になるよ」と伝えた。そして、今の状態を変えていくために、面接を継続することを提案した。Bさんは同意した。その後、Bさんに了解を取り、母親にBさんの状態とBさんとの面接の継続について説明した。

【子どもの被害の場合、保護者との面接では、加害者対応や刑事手続など現実的な相談と心理ケアの相談とを分ける必要がある。現実的な安心が得られなければ心の回復は望めず、どちらの相談も心の回復にはとても重要である。そのため、現実面と心理面と並行して相談が行われることが望ましい。また、保護者は子どもの被害について、子どもを守れなかったことや被害に気づけなかったこと、適切な対応ができなかったことなど、強い自責感を負っている場合もある。さらに、保護者自身も、ＰＴＳＤやそれに類似する状態を呈している場合もある。保護者は子どもが回復していくための最も大切な資源であり、保護者の心の回復が子どもの心の回復には欠かせない。

子どもの状態については、その子どもの言葉の表現を使って聞き取っていく必要がある。子どもは大人と違い、被害をどのように理解しているかは、年齢などその子どもによって異なる。そのため、こちらから必要以上に「怖かったでしょう」などの言葉はかけないように気をつける。子どもは自分で自分の状態を説明できないため、こちらが子どもの一般的なトラウマ反応について熟知している必要がある。また、子どもは周りを心配させないために元気に振舞っていることもあるが、実は多くの子どもがトラウマ反応を抱えている。心理職はそれを見逃さないように、しかし過度に評価や誘導をしないように心がける。】

C．その後の面接

引っ越しや転校を含む加害者対応といった現実的な問題については、犯罪被害相談員が、被害者支援都民センターで連携をしている弁護士を紹介した。弁護士事務所には父親もともに訪問することになり、都民センターでは付添い支援を行った。弁護士事務所では、母親は加害者に怒りを抱いているが、それよりも子どもの安全を確保するために加害者に転校してほしいと述べた。父親は加害者への怒りが非常に強く、何とか民事裁判などで向こうの保護者に社会的経済的な制裁を加えられないかと、弁護士に相談した。加害者対応、民事裁判については、弁護士から両親に説明があった。心理職は、犯罪被害相談員とともに弁護士と連携を取りながら、両親の加害者対応についての揺れる気持ちや怒りに寄り添い続けた。弁護士から両親に、民事裁判をした場合に、Bさんがもう一度事件について話さなければいけないかもしれず、負担がかかる可能性があると説明があった。心理職はそれを受けて、想定されるBさんへの精神的影響の説明をし、両親の気持ちを傾聴し、その判断をサポートした。

また母親から、Bさんの状態や今後の対応について、学校に説明してほしいという要請があった。今は加害者が登校しているためBさんを休ませているが、学校の理解が乏しく、母親も担任や管理職と話してみたがうまく伝わらなかったということだった。そこで母親とＢさんの許可を得て、何を伝えるか確認した上で、心理職が担任にＢさんの状態を説明した。担任は加害者と被害者どちらも学校の児童であるため、対応に困っていたということだった。Ｂさんがしばらく休むことについては、了解したということだった。学校からは、保健室や別室に登校する手段もある、と提示された。心理職は母親と相談し、その件については母親が担任と直接相談した。

Ｂさん自身に対しては、担当の心理職がＢさんの状態をアセスメントした上で、事件によるＰＴＳＤ反応が出ていること、自尊心の低下など問題が生じていることから、ＴＦ-ＣＢＴプログラムの実施を提案した。ＴＦ-ＣＢＴプログラムは親子一緒に行うため、ＴＦ-ＣＢＴプログラムの部分に関しては、Ｂさん担当の心理職が母親にも説明を行った。加害者対応の進行と母親の状態を確認し、導入することとした。

【子どもの性暴力被害の場合、刑事手続や民事手続、加害者対応は保護者が行うことが多い。しかし、中には、子どもが公判で証言をしなければならず、子どもに精神的な負荷がかかる場合もある。一方で、子どもを守るために大人が動く姿を見ることや、自分に起きた出来事が犯罪だったと公的に認められることは、子どもの自尊心の回復に大きく寄与する。ときには、心理職は刑事手続が子どもに与える影響の良い面と悪い面を両親に説明することも必要である。

子どものＰＴＳＤについては、被害者支援都民センターではＴＦ-ＣＢＴを導入している。導入する際には子どもの状態やモチベーション、親の状態や手続の状況を確認することも大切になる。】

Ｄ．面接の終結

加害者対応については、双方の弁護士が間に入って話し合いが進み、加害者側は転校をすることを了承し、示談書を交わすこととなった。両親は納得のいかない部分もあったが、Bさんの安全の確保、これからの生活を考え、弁護士と話し合いながら手続を進めていった。

被害者支援都民センターでは、BさんのTF-CBTプログラムが終了した。Bさんは出来事を自分の中で整理し、事件を思い出すことや身体に反応が出ることがなくなった。学校にも以前と同じように通い、楽しく小学校生活を送ることができるようになった。TF-CBT終了後、1か月や数か月に1度フォローアップ面接をし、面接の終結へと向かっていった。

E．まとめ

子どもの性暴力被害事例の支援では、保護者と子ども双方への介入が必要となる。保護者は子どもの被害によって大きな衝撃を受けており、さらに現実的な問題への対処もしなければならない。子どもへの接し方についても、たとえば子どもが甘えてきたときにどうするか、学校を休みたいといったときにどうするか、思春期の子どもの場合は携帯ゲームばかりしているがどうしたらいいか、などさまざまな問題が生じる。心理職は保護者自身の傷つきをケアし、子どもの状態の見立てを伝え、子どもへの対応を助言する。また、関係機関との連携も行っていく。

子どもに対しては、まず、子どものトラウマ反応を見逃さないことが最も重要である。発達年齢によっても変化する子どものトラウマ反応の表現を、こちらがよく把握し、子どもの言葉を使って心理教育を行う。そして、必要な心理ケアを導入していく。TF-CBTはまだ日本では導入され始めた段階であるが、子どものPTSDに対し高いエビデンスがあり、筆者らも非常に有効であると実感している。

［引用・参考文献］

Asukai, N., Saito, A., Kishimoto, J., & Nishikawa, T. (2010). Efficacy of exposure therapy for Japanese patients with posttraumatic stress disorder due to mixed traumatic events: A randomized controlled study. *Journal of Traumatic Stress*, **23**, 744-750.

Cohen, J. A., & Mannarino, A. P. (1998). Interventions for sexually abused children: Initial treatment outcome findings. *Child Maltreatment*, **3**, 17-26.

Cohen, J. A., Mannarino, A. P., & Deblinger, E.(2006). *Treating Trauma and Traumatic Grief in Children and Adolescents*. New York: Guilford Press.

Deblinger, E., Lippmann, J., & Steer, R.(1996). Sexually abused children suffering posttraumatic stress symptoms: Initial treatment outcome findings. *Child Maltreatment*, **1**, 310-321.

Foa, E. B., Keane, T. M., Friedman, M. J., & Cohen, H. A. (2009). *Effective Treatments for PTSD: Practice guidelines from The International Society for Traumatic Stress Studies. 2nd ed.* New York: Guilford Press.〔飛鳥井望（監訳）(2013)『ＰＴＳＤ治療ガイドライン 第2版』金剛出版〕

亀岡智美・齋藤 梓・野坂祐子・岩切昌宏・瀧野揚三・田中 究・元村直靖・飛鳥井望（2013).「トラウマフォーカスト認知行動療法(ＴＦ-ＣＢＴ)――わが国での実施可能性についての検討」『児童青年精神医学とその近接領域』54巻1号、68-80頁

Kameoka, S., Yagi, J., Arai, Y., Nosaka, S., Saito, A., et al. (2015). Feasibility of trauma-focused cognitive behavioral therapy for traumatized children in Japan: a Pilot Study. *International Journal of Mental Health Systems*, 9:26.

Powers, M. B., Halpern, J. M., Ferenschak, M. P., Gillihan, S. J., & Foa, E. B. (2010). A meta-analytic review of prolonged exposure for posttraumatic stress disorder. *Clinical Psychology Review*, **30**, 635-641.

齋藤 梓・鶴田信子・飛鳥井望（2007).「レイプ被害者の心理と対応――主にリエゾン医に求められる初期対応について」『総合病院精神医学』19巻、１９５-２０２頁

東京都（2011).『東京都犯罪被害者等支援計画』〈http://www.soumu.metro.tokyo.jp/10jinken/tobira/hanzai/keikaku2.html〉

第4章

性暴力被害者への中長期的ケア

大学の心理臨床センターおよび開業心理相談室での臨床体験を中心に

大山みち子

第1節　中長期ケアの特徴を力動的観点から論じるにあたって

1．はじめに

筆者は、性犯罪被害者を含めた被害者に対する心理的支援を行ってきており、その中心的な方法は、現在、大学の心理臨床センターおよび開業心理相談室での中長期的な心理療法である。本稿では、公表できる範囲に限られるが、そこで得た知見について紹介したい。

ここで述べる筆者の心理療法の基礎的な構造は原則的に、予約による来室、継続しての精神分析的・力動的観点に基礎をおいた対話療法であるが、実際の対応は、まずは話をていねいに聞きとることを中心にし、その中で見立てを行い、経過の中である程度症状がおさまったところで、折々の助言や、生活を改善するヒントを提示し、自分を追い込む考え方に偏らないように具体的な課題を与えるなど、実情に即して方法を工夫している。時間は、個人面接の場合50分、家族面接の場合は1時間から1時間半が通常である。なお、面接はいずれでも有料を基本としているが、前述のセンターにおいては、事件で財産を失った・暴力の加害者から避難しているなどの理由で、本人が経済的に特に困窮している場合、ケースカンファレンスで検討ののち、減免する場合がある。

2．これまでの流れとそれに伴うシステム

A．被害者への支援を中心とした心理臨床活動

わが国の犯罪被害者への心理的支援の流れは、筆者の臨床活動の背景と関連するので、若干他の項と重複するが、簡略に記す。

まず、性犯罪被害者への心理的支援の必要性についてのわが国での認識は、以前に比較して現在、格段に進んだといえるだろう。

かねてから、犯罪被害者への心理的な支援は行われていたのではあるが、被害者と接することになった個々人の、表に現れにくい公私にわたる努力によるものであった。必要性を呼びかけられることはあっても、業務としてしっかりと周囲に見える形で位置づけられることは少なかった。特に、本人の苦痛の内容、接した人（保護司や警察官、医師など）の業務の特徴から、共有できる記録の継承や研究の発表は控えられる傾向があり、専門的な討論には結び付きにくかったといえる。なお当事者による発言や自助的な集まりには、また別の取り組みと発展があると思われるが、本稿では心理療法を中心とするため、詳述していない。

現在のように、組織的に心理的支援が行われ、啓発活動が内外から認められるようになったのは、「東京医科歯科大学難治疾患研究所犯罪被害者相談室」の設立によるところが大きい。そこは、飲酒運転者のひき逃げによって愛息を失った大久保惠美子氏の訴えが１９９１年にあり、その場にいた山上皓によって、翌年創設されたものである。

筆者の所属する武蔵野大学心理臨床センターは、前述の「犯罪被害者相談室」の流れをくんでおり、現在に至るまで、さまざまなタイプのクライエントの中でも、被害者に対する臨床活動を多く行っているのが特徴である。そこには、前述の相談室の最初の室長であった小西聖子をはじめとした相談スタッフが在籍し、臨床と研究、大学院生への訓練を行っており、筆者もスタッフのひとりとして活動している。

設立された当初、相談スタッフや研修に訪れたさまざまな領域の者たちが、犯罪被害者への支援を積極的に行い、普及に努めた。現在全国に広がる犯罪被害者支援ネットワークは、この活動を基礎として発展したものである。前述の犯罪被害者相談室では、電話相談と無料の来所での心理相談を行っていたが、無料の継続での相談を専門機関で行う試みは、画期的であったといってよい。

加えて相談員たちは、1995年に起こった阪神・淡路大震災などの災害や事件後の心のケアのために出張して活動しており、その後の被害者支援におけるアウトリーチの基礎のひとつとなった。開室まもなくから筆者は、相談室での活動に関わってきており、そこで出会い、長期にわたり関わっている方たちもいる。筆者自身も被害者支援について、当初は手探りであったが、毎回の相談者とのやりとりを重ねて得た体験をもとに、このところようやく、長期的な心理療法の実際について記せるようになった。

筆者は従来から犯罪被害者に限定せず、さまざまな方に対して心理的支援を行っているが、心理臨床センターのスタッフは、東京医科歯科大学難治疾患研究所の流れをくんでいること、また臨床心理士養成大学院の養成施設でもあることが特徴である。

B．開業での心理療法

筆者はそのほか、開業での心理療法も活動の場としており、そこでも性犯罪被害を体験した方と継続面接を行っている。

臨床心理士をはじめとした臨床家による開業での心理療法は、警察などの公的機関が業務の一環として行う支援活動や、犯罪被害者支援ネットワークなどの、被害者のために設立された機関での支援活動とは、枠組みが異なっており、自ずとその果たす役割も異なっている。そもそも、人口が多く私設の心理相談室がいくつもある都市部では、開業を場とした心理的支援が可能であるが、私設の相談室が少ない地方では、専門家による心理的支援を得るには、スクールカウンセラーのいる学校、児童相談所、警察、病院などの機関が主になるであろう。

したがって、個人開業における心理支援については、残念ながら現状では主として都市部のものと考えざるを得ない。ではあるが、筆者の主な活動の場のひとつであり、参考になることもあるかと考えるので、公的な場での支援とは異なるメリットとデメリットがあることなどをここで述べてみたい。

経済的負担が大きい

筆者が活動している都内の開業臨床の相談室は、面接費用は個人療法の場合1回につき1万円程度が基本であり、家族同席面接の場合は、1回あたりの時間が長くなることもあり、それを上回る料金となる。なお筆者は、多くはないが、性犯罪被害者の場合でも、カップルでの面接を導入することがあり、ここで例に挙げた家族面接も選択の範囲になる。この相談室は、首都圏の力動的観点を持つ臨床家を主としたグループである「開業精神療法研究会」とも関連しており、開室して30年近く経過し、また臨床心理士のみがスタッフとなっているなど、専門的な心理臨床を行うことができる点で、恵まれているといえる。しかし、それらの点を考慮しても、公的機関での相談とは経済的負担が大きく異なり、クライエントの紹介や導入にあたって考慮すべき点となっている。

なお、臨床心理士による犯罪被害者相談での経済的負担については、２０１５年に公費負担の流れができたことから、軽減が期待できる。しかしその場合も、さまざまな疾病や障害、災害などへの公費負担と同様に、金額や期間に対してある程度の制限があり、ここで論じている中長期的な心理療法を実施するためには、一定の期間以降の自己負担は避けられない。

1回2万円程度の料金設定もある首都圏の中で、筆者のいる相談機関は高額な方ではないが、気軽に継続できるものとはいえず、紹介や案内をする際にはそれを上回るメリットがあるかを検討している。

それでも、犯罪被害者に対して、他の機関ではなく開業施設での中長期での心理療法を選択する理由として、たとえば、病院など医療機関で保険診療などを用いたくないなどプライバシーの保護を最優先する場合が挙げられる。また、平日の昼間に来室できないなど時間帯の制限がある場合は、土曜日曜や、夕方以降に予約ができる開業の場は貴重である。さらに、生育環境や事件内容が複雑である・治療者との関係づくりに慎重な配慮を必要とするなど、専門的ケアを重視したいが、それがほかの場では得られにくいなどの事情があり、さらにそれらが経済的事情を上回ると見立てられる場合が挙げられる。筆者が治療の場を選択・判断する際は、それらを勘案している。

心理療法・犯罪被害いずれの面からも、個人の情報を保護することが重要であるのは当然だが、中でも性犯罪被害は、プライバシーを重視して支援することが望ましい。性犯罪被害において、プライバシー保護が重要なわち影響が大きいとするのは、社会の偏見があるためで、それ自体を改善するべきと筆者は考えている。しかしそれでも、当事者にとって不利益あるいは不安を招くおそれがあることは、避ける配慮をするのが当座の基本である。

ちなみに、公的な機関、特に警察などの司法に関わる機関で相談を実施する場合は、ひとりの担当者が心理的相談のほかに捜査や補導を業務とする、相談で得た情報の扱いについて他の職員の業務と方針が異なるといったことがあり、そこで何を優先するか判断を迫られる。その際は、相談する被害者が何を望んでいるかを聞き取り、説明し同意を得て進めることが必要になる。

さらに、その機関の風土として、正義を重視する価値観があり、それにそぐわない（と感じる）被害者、たとえば事件時に飲酒していた、薬物乱用をしていた、加害者と出会い系サイトで知り合ったといったケースでは、被害者はすべてを打ち明けにくい、と理解しておきたい。それとも関連することとして、非行とりわけ女子の非行は、性被害と関連する傾向にあることは、周知であり筆者の面接でもしばしば体験している。彼らが性的な虐待を含めた性被害を、自分から児童相談所や警察に伝えようとする、保護あるいは捜査してもらうことだと自然にとらえるのは難しい。特にその被害体験の中にある者にとってみれば、誰かを信用して助けを呼ぶこと、公的な機関に一個人としてつながることは困難であるといわざるを得ない。

一方、一般的な心理相談の機関であれば、気持ちが優れない、自信が持てないなどを最初の訴えとしてクライエントが登場するのは不自然ではなく、また本人の不調を知った友人や家族が、その原因となる性被害の事情を知らないままにカウンセリングを勧める、といった流れで相談に訪れる場合も考えられる。

したがって、相談を扱う者は、犯罪被害とりわけ性犯罪被害は、当初から被害体験を打ち明け中心的な話題として相談が始まり継続されるものと期待せず、さまざまな不調の背景には、語られない被害体験があるかもしれないと考えておくことが現実的であろう。

3. 中長期的なケアの成否はそれが可能な環境であるかに左右される

本稿で述べる中長期的なケアは、個人や家族の事情を含め、それが可能な環境であることが前提である。わが国で「心のケア」ということばが日常的になり、臨床心理士など心の専門家が珍しくなくなった現在であっても、誰もが心の専門家にたどりつける環境にいるわけではなく、また、継続して専門家の心理療法を受けられるわけではない。

自分の心のことで、仕事や家事の時間をやりくりし、たとえ無料であっても、その時間で得られるはずの収入をあきらめて、繰り返し出かけていくことは簡単ではない。まして、事件や苦痛の内容を家族にも打ち明けていないことがしばしばである彼ら性犯罪被害者は、なぜどこに行くかを周囲に説明しにくく、理解も得られにくいので、通い続けることは、より難しいといえる。数回程度であれば見過ごしてもらえるとしても、繰り返し出かけて行く、その理由や行き先を告げない、といった振る舞いは、身近な者であればあるほど心配するであろうし、その時間に本来は仕事や育児をしているのであれば、本人への信用、家族関係にもかかわることになる。

また、地域格差の問題は、福祉や教育、医療などの場合と同様に存在し、専門的な支援の受けやすさは地域によって異なっている。特に考慮すべきプライバシーの保護の面については、小さなコミュニティでは、加害者被害者間や支援者に、地縁血縁や地域の力関係など多重の関係があり、一層困難な場合がある。

今後、必要な人々に中長期的なケアを受けてもらえる環境が整い、対応できる専門家が増えることが重要であることは、この点においてもいえることである。

限られた条件の中で、必要とする多くの人々に支援を届けるには、通常一対一よりも集団で、長期間よりも短期間で行う方が「効率的」である。集団心理療法や、ブリーフサイコセラピー、ＰＥなどは、こうした要請に応えようとする面を持っている。

それと対比して、これ以降筆者が紹介する方法や事例は、ぜいたくで非効率的であるようにみえるかもしれない。しかし、丁寧に時間をかけることで可能になる経過を示すことが、短期間で支援をする際にも、回復過程のイメージとして参考になると考える。

実際、短期間に効果をもたらすことを真剣に考えるのであれば、短期的に効率よく行うことのみを考えるのでは不足であり、仮に短期間で終結できたとしても、その終結の先に何が起こりそうか、その時に何ができそうかを想定し、その上で、現時点の条件であれば何をするとよいか目標を設定することで、短期の支援の計画がたてられるといえる。

４．この稿でのねらい

この章では、中長期的なケアについて筆者の体験と見解を主に述べる。さらにその中でも、短期的なケアにも参考になるような点に重点をおいて挙げる。すなわち、本稿では中長期的ケアを紹介しているが、短期的ケアに日常携わる実務家に向けての意味も込めている。

先に述べたように、中長期的なケアを導入できる条件が整っている人はまだ多くはない。また中長期的なケアが必要だと当事者も支援する側も考えたとしても、ドロップアウトせずに継続できるかの予測は容易ではない。

それでも、もし中長期的に継続できたならどのような経過でどのように回復するかイメージできた方が、それと短期間で終了するのと比較し、どちらがより負担が少なくより望ましい支援ができるか、検討することができる。すなわち、すべてにおいて中長期的なケアが最善ということではなく、中長期的なケアに導入しないままに終了できると判断した場合は、その時点ではそのように選択することがふさわしく、また、いずれかの日に再開することがあるとしても、現時点ではひとまず終結する、という場合もあってよいといえる。

犯罪被害者支援の分野では、初期かつ比較的短期の介入を中心とする現在の公的機関をはじめとする支援が定着しつつある。一方で、中長期的な心理療法は、従来の心理臨床の事例研究では多く報告されながらも、筆者の体験の範囲では、犯罪被害支援の分野ではあまり語られてきていない印象である。それらを、関連づけ、橋渡しする一助となることも本稿の狙いのひとつである。

さらに、これまで専門的・力動的な心理療法は、おおむね中長期的に行われており、それらを日常的に行う臨床家が進んで性犯罪をはじめとする犯罪被害者への心理的援助を行うことが、わが国の専門的な支援者の不足を補う方法のひとつになるだろう。

5．中長期的なケアに導くことのむずかしさと意義

犯罪被害者、特に性犯罪被害者に対して、中長期的なケアを行うことが、ほかのタイプのクライエントよりも困難である部分を挙げる。

まず、心理療法、特に力動的な対話療法においては一般的に、性犯罪被害者でなくても、自分の個人的な、恥

の感覚や苦痛を伴った、これまで打ち明けてこなかった体験の内容を治療者に打ち明けることがある（鈴木 2000）。

ただし技法によっては、現在の症状や苦痛のみを伝えることで十分であり、それを引き起こしていると解釈される過去の体験内容を話す必要がないとする理論もあり、また、そうした理論の裏打ちがない場合でも、過去の特定の苦痛な体験を話すことがないままで改善がみられ、終了でき、それでよしとすることもある。性犯罪被害者においても、心身の不調たとえば不眠や緊張などがあることがしばしばであり、その原因である事件の体験を説明しないで薬物療法を受けるなどし、それらの症状について丁寧に接してくれる治療者に接することで、本人にとって安心や癒される気持ちが得られ、ある程度改善することもあるだろう。

しかしそれでも、過去の苦痛な体験そのものや、それに直接関係しないとしても、抱えているさまざまな苦しみ・思いについて、話したければ話してもよい、としてもらえる場があり、自分が話す気持ちになれる、聞いてもらえる、と思える治療関係や枠組みがあれば、一層安心であることだろう。

さらに、それが今すぐでなくても、後からでも繰り返し会って話す機会があり、その中で話したいときに話したい内容を話せる、受け止めてもらえるだろうと思えることは、「自分で決めてよい」という自己決定の感覚にも関連し、回復の助けとなる。それはすなわち「言わない自由」と、「言う自由」との両方を持てる、ということであり、回復を目指すうえでこれらは重要な支えになる。さらに、「後にとっておける」感覚は、対象の恒常性と関連し、それを築くことは、中長期的な関係に進むこととつながっており、治療関係を築くことは、それ自体治療的である、といえる。周囲から回復を急がされないことをクライエントが肯定的に受けとめられるには、「この治療者は話したなら、聞いてくれるだろう、受け止めてくれるだろう」と感じられる治療者・患者関係が重要である。このように、関係を築く作業が、周囲への安心感につながる、自他への信頼につながるものであるともいえる。それらの安心感、信頼感が1回の出会いで生まれることもあるかもしれないが、時間をかけて築くことによって、無理がなく、より安定したものになると筆者は感じている。

当事者にとって苦痛な体験は、思い出すことも苦痛であり、聞いた人にどう評価されるかも不安であることがしばしばであるので、実際はどのような内容でも、またほかの者が聞いてどう感じるかにかかわらず、本人にとって苦痛な体験は語りにくいものであろう。

性犯罪被害者の場合、犯罪被害という外傷的な体験の及ぼす語りにくさと、性にかかわる体験であることの両方が抵抗感となる。一般的な、性にかかわる体験の持つ語りにくさについては、次により詳しく述べることとする。

6. 性の問題にかかわる語りにくさ

心理療法に限らず日常生活においても、性にまつわることは話題にのせにくいものであろう。その理由はいくつかあるが、たとえば、個人の価値観や文化の相違が大きく、またその相違について、話し相手がどのようであるか、日常の会話の範囲では、推し量りにくいことがある。

話す相手がどのような価値観でいるのか推測しにくければ、さらにデリケートな、自分の被害体験については切り出しにくい。相手は受け止めてくれるのか、驚いてしまうのか、その後も同じようにつきあってくれるのか、遠慮してしまうのか、当事者は不安をかかえがちなものである。

したがって、当事者は、対話の相手が犯罪被害者のための相談員であると理解していても、きちんと受け止め聞いてくれるかどうかは、不安であるし迷うものだ、と支援にあたる者は見込んでおくことが必要である。それは、「あなたが悪いのではない」、「どのようなことでもご相談ください」などの誘い文句では払拭しきれない。むしろ、当事者にとってそれらのメッセージは、表面的な建前のように思える場合や、少しの落差でも「現実は違う」と外界への不信感を強めてしまう場合もある。これは、安全・安心である感じを打ちくだかれた者にとってみれば、無理もないことであり、簡単には解消しないものであると受け止めたい。

その際、相談を受けた者が、被害者のしたこと・しなかったことに対して批判めいたことを伝えて二次被害を与える結果となるのは論外である。しかし一方で、よく考えないまま、あるいは援助者の無意識的な価値観と裏腹に、紋切り型に「あなたは悪くない」、「つらかったでしょう」と早々に伝えると、それも先に述べたような本人の気持ちにそぐわない、腑に落ちない気持ちになってしまうことがあるかもしれない。

例として、加害者が元交際相手であり、呼び出され出かけていっての被害であったとしたら、被害者は「自分で出かけた」ことは自分の落ち度である、という罪悪感を抱いている可能性がある。それが相談場面で配慮されないままに「あなたは悪くない」というメッセージだけが強く伝わると、それらの感情は、本人にとって語ることが難しいものになる。さらにそう感じた自分がいけない、受け止めてもらえない、と感じることで、支援者に迎合して話を合わせる可能性もあり、ありのままの気持ちを語りにくくなる。支援にあたっては、当事者および支援者のさまざまな感情を丁寧に扱い受け止めたうえで、その罪悪感を修正できるように図り、相反するどちらの気持ちもあることを認め、その葛藤を扱うことが重要であるのは、このような理由によるものであり、通常、時間をかけたセッションが必要となる。

いずれにせよ、通常の価値観から言っても、この社会においては、性に関することを話題にするのは控えるべきだ、慎むべきものという抑制が働きやすく、被害者は、性について話題を語ること自体が、慎みがないと感じられるのでは、との抵抗感を抱きやすい。また、話したいと思ったとしても、話してもわかってもらえないかもしれない、軽蔑されるかもしれない、という恐れを伴いやすいものである。

家族や友人同士など身近な人であっても、信頼できる相手であっても、性の問題に限らず、自分の心身の問題を大切なこととして話す習慣は、今日、まだ十分ではない。特に性の問題は、他の心理的・身体的な欲求や快・不快に関連する事柄にくらべ、プライベートな部分を持ちながら社会的な行動ともつながること、自分ひとりだけの事柄ではないことなどが、デリケートで複雑な様相を持っている。事件に遭遇した人と話す場合、これらの背景についてたとえ語らないとしても、「語らない」という価値観などがあってこそ、現在の事件のとらえ方であると考えないと、事件やその影響について、治療者の理解は進みにくい。性の話題でなくとも、一般に被害体験は、周囲の想像以上に打ち明けにくいものであり、犯罪被害者は、それらのハードルを越えて治療者に歩み寄ってくれていると心したい。この歩み寄りが無理のない速度でできることが、中長期的ケアの利点である。

ほかの話題も十分話す余裕があり、この治療者であれば聞いてくれる、と思うことで、被害者は、少しずつ、あるいは思い切って話すことができる。またそれらの話題で、十分受け止めてもらえなかったと感じたとしても、「受け止めてもらえなかったと感じた」ことを話題にして、さらに治療過程を進めていくことができるだろう。

7．個別の事情があるとさらに打ち明けにくい

また性犯罪被害は，「定時に帰宅する途上の通り魔」のような，個人的な要因がまったくないと思われる例ばかりではない。どのような事件でも，本人のこれまでの対人関係とりわけ性的な関係がさまざまにからんでいるとみるのが適切であり，また刑事・民事事件に至らないものであっても，本人にとって傷つきとなる心理的社会的範囲は広いものがある。

性被害を体験した人に対する，初期あるいは急性期のケアの重要さはここで改めて述べるまでもない。まず現実の問題として，事件直後には，懸念されることや決断すべきことが多いことが挙げられる。感染症や女性の場合の妊娠の有無は，すぐにはわからないうえに，調べることにも負担があり，しかも放置しておけない問題である。また，被害を届け出ることや捜査協力には負担が大きい一方で，早期に決断し行動するほうが逮捕に結びつきやすいと予測され，どちらにも決めがたいのに決断が求められる，という強い葛藤が起こり得る。それらについて，支援者は折々の情報を提供しながら付添うことが重要である。

しかし，事件直後から時間を経て，その後の中長期的な段階に入ると，こうした現実的な緊急度の高い課題は少なくなり，個人の事情にまつわる問題が前面に現れるようになる。そこで語られる内容は，一見被害体験と無関係のように見えるものであっても，十分に治療的であれば，被害体験やその前後の時期にまつわるさまざまな体験についても間接的に癒され，修正されていく効果がある。外傷的な体験は，ほかの体験や記憶と切り離されているという特徴がありながら，その体験のありようは，無意識的な部分，あるいは価値観において，ほかの体験や記憶とさまざまにつながっていて，無関係に思える部分についても配慮して扱うことが有意義であると筆者は考えている。

また，事件直後ではなく，年月を経てから心理療法が開始された場合は，事件当時の体験や緊急性の高い話題ではなく、自分の不調感や対人関係の不和などについての話題が中心になるかもしれない。その場合も、その話題が事件当時の体験に関連する面があると考慮しつつ、事件そのものの話題に急に入ろうとするよりは、まずは、現在の不調の緩和を中心に扱うことが負担が少なく、生活の改善に資するといえよう。これは治療において現在の症状を重視するという姿勢でもある。

8．親密さを避ける傾向を乗り越える

外傷的な体験をした人々は一般に、自分が回復することやケアを受けることに値しないと思いがちである。またそれと関連して、性的な被害を体験することが障壁となって、性に関連した親密さや、自分の情緒を認めて受け入れることが難しくなる。さらに、自然災害と比較しても、人からの被害であるために人への信頼感が損なわれる傾向がある。

そのどの面から考えても、親密さが、不安・自他への疑惑につながりやすい。治療関係を継続し自分を表現すること、受け入れてもらうことへの恐れが強いと、中長期的なケアにつながりにくく、中断をまねきやすいことは考慮しておかなければならないだろう。

したがって、中長期的なケアを常に目指すことは現実的ではなく、ひとまず短期的なケアであっても、現時点で有効であることを目指すのが現実的である。それらの中で、性犯罪被害者への支援の中では必ずしも多くはない中長期的なケアにつながった事例を検討することで、性被害を体験した人々へのケアの参考になれば意味あることだと考えている。

9．テーラーメードの心理療法が行える

信頼感や対人関係に強くかかわる、性の問題と犯罪被害という二重の困難をかかえることになった彼ら被害者は、治療者との関係においても、さまざまな投影が働き、葛藤を持ちこむことがある。それについては、短期間で解決することは難しく、時間をかけたやりとりが必要になる。しかしその一方で、これに伴う毎回のセッションを通じた関係の修正、経過にあわせた介入は、回復に大きく寄与するので意義のある面を持っている。具体的には、面接場面で感じた行き違いや傷つきを、その回あるいは次回以降のセッションで採り上げ話題にし、調整しながら扱うことができるので、それ自体が回復のための認知の修正、行動の訓練にもなり得る。治療者にとっても、それらの齟齬を見直し、方針を立て直すことができることはもとより、そのように感じている治療者自身をクライエントに必要な範囲で開示することが、クライエント自身の周囲への警戒心をといていく働きかけの意味合いをもっている。

10．情報が多いこと、繰り返しの中で修正されること

ここまで述べてきたように、当事者にとってケアの期間が長いことはさまざまな面で負担になり、同じ効果があるのであれば、短く負担の少ないものがよりよいともいえる一方、長い間のやりとりがあるからできることも多い。急がずに、話せる時期を待って話してもらうこともできるだけでなく、生育史上のさまざまな話題を含め

て取り扱うことができる。たとえば成人してからでいえば、仕事のようす、友人との関わり方など、当時の本人の感じ方や対処のし方を思い返すだけではなく、その時その時に聞きとりながら、経過をたどることができる。その経過は、折々起こった出来事への対処、それによる状態の悪化と回復の度合いが含まれ、またその繰り返しを見ることで、回復の速さなどの程度をより綿密にみてとることができる。また先に述べたような、セラピスト－クライエント関係の揺れについても、克服できるのであれば、その体験が一層の信頼関係として結びつきを強め、その後の協働作業への取り組みを容易にしてくれるといえよう。

第2節　事　例

ここでは、中長期的ケアの実際を提示する。

本稿における各事例の提示は、一般の公刊物として発表できる範囲となるよう、またプライバシー保護のために、複数の事例をもとに改変している。この理由から、詳細にわたる説明や議論が尽くせないことをご容赦いただきたい。また、本書発刊のきっかけとなっている、共著者とともに行った２０１３年の日本心理臨床学会大会における自主シンポジウムでの発表と本稿とでも、提供の範囲や内容が若干異なる。ただし、これらの事情があっても、事例解釈自体に支障がないよう考慮した。

なお以下の提示例は、いずれも成人女性のクライエントであり、それぞれの方の10年を超える来談での面接経過から選択した一部である。彼女たちの中には、医師と連携し薬物療法も並行していた時期がある人もいるが、経過中の精神科入院治療はない。また、被害体験があることを自ら語っている事例を中心に紹介する。

１．事例　みずきさん（仮名）

A．事件と事例概要

児童期の性犯罪被害で、被害届を提出していない。

学業を終えて仕事で活躍していた時期もあったが、身体的な不調のため勤務に差し支えるようになり、ひきこもりがちとなっている。成人してから旅先で突然、事件の詳細を思い出しているのだが、それ以降抱えることとなった心身の苦痛は、治療者が聞き取って理解できただけでも多岐にわたるものであった。それはたとえば、身体感覚をともなうフラッシュバック様の体験、自分の存在をどう受け止めていけばよいのかといったアイデンティティに関わる苦悩、これらを背景にした外出恐怖などであり、言語化しきれない身体感覚や自己の存在価値を低くみることなどに至る、心身の諸相に現れていた。ただし、本人が自発的に語る主訴の表現は一見単純で、克服すれば復職できると思う、と述べていた。

B．訴えをどう受け止めるか、短期間には十分に表現されないのではないか／心理療法初期の段階では、語れることが一層限られる

どのような学派の臨床家であっても、受理面接や導入段階におけるアセスメントは、その後の心理療法の選択や、計画を導くための重要な作業である。いったん受理したとしても、自分のいる枠組みでは深く関わらずに他の

専門家を紹介する、あるいは自然な回復を待つなどの選択も中には含まれてくる。

筆者は、みずきさんと出会ったとき、直感的に、長期にわたるケアが必要であるが、一方で回復するであろうという感じをもった。ただし短期間での集中的な関わりは、負担が大きく耐え難いとも感じた。

前述のような、みずきさんの多岐にわたる苦痛について、治療者が、探るべき部分を意識し、支えながら丁寧に聞き取っていけば、クライエントはそれに応え、ある程度表現することができるようになるだろう。しかし、一般的に心理療法導入初期の段階から、強い苦痛を体験したクライエントが、心身のさまざまな相にある苦痛のあれこれを、適切な表現で自発的に語ることはほとんどない。

また彼女のような例では、語る内容も断片的なだけでなく、語る際に感情が揺り動かされるために、担当する者が聞き取りを続けることが難しいこともしばしばである。聞き取ることによる本人への侵襲の程度を考慮しながらになるので、内容そのものは十分に情報としてとれない場合も少なくない。

これらのアセスメントの作業では、語ることによる混乱や傷つきを避ける一方、その過敏さの度合い自体も、本人の状態を測るために重要な要素である。また、自ら語らないが聞かれれば述べる段階、あるいは自分でも意識できていない段階の苦痛もあることを見込みたい。

C．性犯罪被害の場合の難しさ

これらに加え、前述したように性犯罪被害の場合、性にまつわる内容であることから、他者と語りあうことに、当人も治療者も互いに抵抗があるのが一般的である。また、事件直後であればその緊急性から、介入すべきポイントを絞らざるを得ないだろう。さらに、公的機関などにある、短期間での終結を見込む枠組みであれば、このようなていねいな聞き取りをする時間的余裕はないかもしれない。

しかしそれでも，どのような枠組みであっても，扱わないとしても，こうしたさまざまな苦痛を本人が抱えていると見込んでおくことが必要である。仮にクライエントがそれを語らないとしても，また語らないままに終結を迎えるとしても，援助者が，それら多様な苦痛の存在を念頭におくことができれば，クライエントのさりげない語りから，感じ取るあるいは採り上げることができる。

長期にわたる心理療法では，短期間の場合とは異なり，これらのさまざまな苦痛に対して，時期を考慮し，急がずそれでいて積極的に採り上げることができるのが強みである。またそこで確認できた内容は，今述べたように，短期間の介入で出会う人々の心の内にも，存在するものとして考えて接することで，治療者は他のクライエントに対してもより効果的な対応ができるようになるだろう。

ただしこれらの，クライエントに対する語りかけ・聞き取りとその内容に対する解釈は，治療者の臨床体験と観察，直観的理解が基礎となる。当事者にとって意識すること自体苦痛な経験であるので，治療者による促しがないと，出会った初期のうちに，意識し進んで語ることは通常期待し難い。たとえ直観あるいは経験の優れた治療者が推測できても，短時間・短期間の面接の中で，クライエントが他者にもわかりやすく整理して語ることは難しいものであろう。

ことに短期的な心理療法の範囲では，語りきれない苦痛が多くあり，その存在を確かめにくいため，臨床家はその時点で聞き取れているものが一部であると念頭におくことが重要である。確かに長く継続している分だけ理解が深まるとはいえないが，それでも，継続して共にいることで，変化に気づくことがあるのは事実である。また長く関わりを保つ中で，ようやく語られる内容もあると筆者は感じている。

つまり、クライエントのさまざまな表現を、治療者は、単純に字面どおりに受け止めて、それを解決するべきこととそのまま判断するのは早計である。とはいえクライエントが、自身の苦しみを精一杯表現していることに違いはないので、ひとまずその表現を受け止め、継続への動機を失わないように配慮することがよいと考える。

D．主訴を読み取る――われわれは当事者に適切な発信ができているか

ほかの問題を抱えるクライエントについても同様にいえることだが、クライエントの語る内容・語らない内容をどう感じ取り想像していくかが重要になる。それでなくとも、わかってもらえるだろうか、と感じる傾向があり、かつ自分のつらい体験が中心になっている分野の援助であるから、そのまま素直に、うまく伝えられないのは当然である。また、専門家の援助を求めるくらいに心身の不調を抱えている人は、それ以前に、受け止めてもらえなかった、助けてもらえなかった体験と、それに伴う周囲への見方を持つ傾向がある。いわゆる二次被害がこれにあたる。

その際、彼らは、受け止めてもらえるように、意識してあるいは知らず知らずに相手に合わせて説明することがあり、それは時に歪んだ情報となって、相互の関係や援助に影響してしまうこともある。これは、それまでの体験によるところがあるので、「話す内容が本当でなかった」「話す内容が変わった」等の否定的な評価は当たらない。特に女性のための、あるいは犯罪被害者のための、などの標榜がなされている相談機関では、彼らがそれに合わせた語りや訴えをする可能性を念頭におきたい。

また昨今、インターネットをはじめとした情報ツールが発達しており、かつては図書館の奥に入らないと目にすることができなかった専門家向けの情報が、一般向けにアレンジされて、通勤中でもスマートホンで検索で

き、相談機関のホームページでも閲覧できるようになった。それだけに、むしろ彼らの受け止め方は、われわれ臨床家のもくろむ内容とは異なる場合もあり、誤解もあると考えるべきである。

そもそも、クライエントが当初語る主訴が、治療者にとって最も適切な介入のポイントであるかは、犯罪被害に限らず、どの事例においても慎重に検討すべきである。人は、自分の苦しみについて、的を射た表現で初対面の相手に伝えることができないのがむしろ当然である。さらに、日常生活においても抵抗や制約の多い性の話題でかつ苦痛な体験である性犯罪被害の話題では、「うまく訴える」ことはいっそう困難であり、さらに事件の捜査を担う警察など、心理的援助とは別の役割がある相手に対しては、伝えるべきことが整理できず、聞き取りにくいことがあると見込んでおくのが適当である。

さて、初期のみずきさんの目標は、自分の気持ちを整理することであり、そうすれば再び仕事ができるようになるだろう、それによって、社会の一員として実感できる生活に戻りたいということだった。またセッション開始後1年くらいまでの期間においても、被害体験に向き合うことで、ほどなく気持ちの混乱は乗り越えられるだろう、との見込みを語ってもいた。

治療者は前述のように、「ほどなく回復する」のは難しい、たしかにきっと回復するはずだとは予測するが、それには時間がかかるだろう、と考えていた。しかし、長期にわたるという見立てを、初期の段階で、確実なものとして本人に伝えることは控えた。というのは、それを聞いた本人が受け入れきれず取り組む意欲を失うだろうということと、その見立てはあくまで初期の治療者としての見立てであり、まだ確かと言えないと思ったからである。

この見立てには、筆者なりの根拠がいくつかあるが、詳細についてここでは述べない。ひとつ挙げるとすれば、事件の苦痛を受け入れられなかった期間が長く、症状がいわば性格の一部であるみずきさんにとって、それから無理なく折り返すための時間もまた、それなりにかかるだろう、という考えがある。たしかに、時間を経過した症状や問題行動でも、短期間に改善することもある。しかし、彼女の場合には、開始当時までの生活で症状を含めた適応・防衛をする理由あるいは力動があり、本人の性格・習い性となっていると推測できた。したがって、それで過ごしてきた期間や度合いが強いほど、介入直後に一時的な適応の悪化もあり得ると考え、見計らいながら対応する必要があると考えた。さらに、彼女の回復への意欲の強さは、解離傾向とコインの裏表のように関連していると考え、彼女の意識的な動機づけの強さを鵜呑みにして治療者が動くべきではないと考えた。すなわち、意識的には適応への望みが強く、性格的にも穏和である一方、普段の常識や考え方では抱えきれない体験をしていることと関連して、身体的感覚と意識、内面の苦痛とが足並みそろっていないことが見て取れた。その場合、一見介入が奏功し、意識的、言語的には受け止めたように思えても、身体的な感覚では受け止め切れていないかもしれず、次に大きな増悪があるかもしれない。それが一層彼女を苦しめることはもちろん、本人の意欲が強いだけに、治療抵抗も、かえって強く表れるおそれがあり、ドロップアウトの危険があると考えた。

まとめると、セラピストである筆者は当初から、本人にとって事件が苦痛であるあまり、それを受け止め難いこと、またそれが心身の症状と関連すると考えた。それまでの過剰適応と不適応の極端な行き来について、被害体験との関連として理解した。さらに、長年それを抱えていることから、たとえ本人が希望していても、急激に症状を取り除こうとすると、むしろ悪化することが懸念された。一方、他の生育上の問題が比較的少ないこと、先述の抵抗の強さの見立てとは一見矛盾するが、動機は強く治療関係を保ち改善に向かって耐える力も持ち合わせていると判断した。

苦痛を、心としてよりも身体症状として表現するか、解離的な状態になる傾向を筆者は見て取ったので、セッションにおいて、まずは話題が日常生活から大きく離れないように心がけた。話題は、初期に多かった社会の正義が行われないことへの義憤ともいうべき表現から、治療の後期になると、身近で起きた不愉快な出来事への、個人的な不満を述べるようになった。筆者は、これらについて、超自我を経由した堅苦しい怒りから、「今ここ」、自分の気持ちがまとまりのある形になってきたことを意味していると解釈している。

E．参考になること

事件からの経過が長い場合、被害当時被害届を出していないことが、今よりもいっそう多いと見込まれる。被害届を出さないことは、現代でも多くの例でみられるが、その判断について現代の常識・価値観でだけ理解すると、クライエントや周囲に対する誤った見立てにつながるので、注意したい。すなわち、本人の傷つきに無理解で、世間体を気にして隠蔽したがる両親、あるいは打ち明けられない、助けを求める力の乏しい被害者とみなすのはあっていない。

本人の体験が過去に遡れば遡るほど、事件当時の社会情勢や法整備は、現在とは大きく異なる。専門機関に助けを求めることに一層期待できなかった時代には適応的であっても、彼女のように届け出や心理的ケアを求める行動をしないことが現代以上に常識的であり、それにしたがって判断をしたとみてよいだろう。しかしその一方で彼女が、そのような、被害を体験しても助けてくれない社会に対して失望し心を閉ざす結果となったことも、来談時の調子の悪さも、了解可能であり、状態が悪いことが理解できるだろう。

このようなことは、ベテランのセラピストであれば、人生経験や知識も十分に伴っていて、時代背景、当時の一般的な価値観、社会通念といったものを理解できるはずだが、現代の法や人権に対する意識のみを常識とし、そのまま見立てると、事件時の本人や周囲の人々を見誤るかもしれない。幼少期の被害体験は、個人にとって永い時間を経ているだけでなく、社会の事情もまた異なると理解することが重要である。

2．事例　ちはるさん（仮名）

A．事件と事例概要

残業後の帰宅途中、強盗・傷害を含む性的暴行にあった。

身体的・精神的苦痛がさまざまな形で表れている。中でも、加害者からの脅迫を想起してしまうことによる、いてもたってもいられない恐怖を中心に来談した。

金銭的な被害にもあったことから、経済面でも困り、求職や退職はできないと考え現職を継続するしか選択の余地はない、と判断していた一方で、通勤路はさまざまな面で事件を思い出させ、仕事に行くこと自体が苦痛であった。もし周囲に事件にあったことを打ち明けると、どのように受け止めてもらえるか見当もつかず、居づらくなるのではないかと考え、職場に事件を報告せず、ほぼ休まずに勤め続けていた。しかし実際は、仕事中でも過呼吸発作や音に対する過敏さが現れ仕事に集中できないばかりでなく、さらにそれを周囲に気づかれないように、無理をして明るく振る舞おうとする努力も、自分のありのままの感情との落差が激しく、苦痛となっている。

B．疑問点・不問にしている点

本人によれば、事件について職場には報告しておらず、同僚たちも気づいていない、と述べているが、実際のところは筆者にはわからない。筆者にはこれを確認するすべがないが、伏せておきたいと思う本人の気持ちが強いことや、職場で共有したとしても、特段の配慮を期待できないばかりか、不利なこともあり得ることから、治療者の立場として報告するよう促すのは避けた。ただし警察の被害者支援など別の立場であれば、確認するよう決断する促しをするほうが適切かもしれない。職場の人々の理解や協力の度合いをどのようにアセスメントするか、知らせることによるメリット・デメリットはどうか、などは、より開かれたケースワーク的アプローチで綿密に測るのでなければ、判断し難いことがある。このほか、通勤の方法などについても課題があった。被疑者の逮捕に至るまでは、安全の確保が優先されるが、その対応が十分であるかも検討を行った。

C．その時点での適応を優先する

職場に事件を報告していないちはるさんにとって、心理療法の場は、事件やその周辺の出来事にまつわる苦しみを打ち明けられる数少ない場所であり、治療者は、彼女の訴えに耳を傾けることに加え、仕事を続けられるように伴走し助言することが、役割として求められた。この時点で治療者は、職場の上司や同僚の支えに期待できないとする彼女の考え方に対して、ひとまず批判せずに受け入れた。

なおこの判断は、彼女がこうした支えがなくとも、ひとまず各種の手続きや社会活動が継続できているとみなしたからであり、実際に周囲の支えがないと生活や手続きができない場合には、事件を伏せることで一層不利なことが多くなるので、個別に判断をしている。筆者は、職場仲間に言えるわけはない・援助は期待できないとする彼女の判断の適切さや、それを不満とする気持ち、不満を抱えながらも現在の職場で仕事を続けようとする当時の彼女の考え方は、いずれも無条件に賛成はできないと考えていた。しかし、もしその時点で所属する会社が最善でないとしても、彼女が当時、ぎりぎりの適応をしている中で、さらに職を失い求職活動をする負荷が加わるのは、経済的にも心身の負担の面からも、とうてい勧められないと治療者は判断した。

もし本人にとって意味があるならば、新しい職場や住まいを求めるのは、避ける必要はない。しかし事件の負担が大きい場合は、どの時期に行動に移すか、あるいはしばらく待つことによってさほど必要でなくなるのかなど、本人とともに検討するようにしている。環境を変えることが安全のために緊急性があるならば、速やかに行うべきだろうし、心理的な苦痛によって周囲への不信感が強まっていることが要因として大きいと見るならば、状態の改善によって必要性も少なくなるだろう。

D．症状がどのように衝撃であったか検討する

ここまで述べてきたように、治療場面では、日常生活を支える支持や助言が主であったが、それだけではなく、回復のためには、内心に抱えている苦痛や症状について検討し、とらえ直していく作業も重要であると考え、受け止められる程度で、できるだけ織り込むように図った。

E．一見の適応は内面の安定を保証しない

こうして見ると、職場でひとまずの適応を保っている彼女は、社会の中では安定した人として位置づけられるはずである。しかし、治療場面で打ち明けるさまざまな気持ちは、適応しているとは言い難く、さらにその両方ともが矛盾しているようでも、偽りのない彼女の実際の姿であるといえる。治療者はしばしば、自分の前で見せ

てくれるクライエント像で全体を推測しがちであるが，それ以外の場でのクライエントは，生活の場に即した振る舞いをしていることがある，と心に留めたい。それは換言すれば，社会で一見適応的である人であっても，心の中に強い苦しみを抱えているかもしれない，ということになる。

F．本人を支えてきた価値観や自己イメージの崩壊

クライエントが事件後の自分自身の変化に気づき，とらえ直すように促す作業では，価値観や自己イメージの変化に着目している。自発的に語らなくても，セッションの会話で，それを示唆する内容があったならば，治療者はその意味合いについて早合点も聞き逃すこともせず，よりていねいに語ってもらうように言葉かけをするとよいだろう。彼らのことばの中には，治療者をはじめとした他者が憶測するのとは異なる意味づけがあるかもしれないので，接する側としては独り決めせず，無理のない範囲で内容についてともに見直してみることが有意義である。

たとえば自分を汚れた，卑小な存在としてみてしまう傾向は，トラウマ体験にともなってしばしば現れ，臨床場面でも観察できる。それは，そのままの表現で打ち明けられるだけでなく，「自分は，人に聞いてもらったり励ましてもらったりする価値がない」，「ほかの人とは違う，一緒になれない」といった語られ方をし，治療関係においてもわかりあえない感じとしてとらえられ，継続を難しくする。

多くの被害者に見てとれるこうした自己イメージの変化は，性犯罪被害者の場合にはいっそう，不合理なものと気づかれにくい。本人の，接触や侵入といった身体感覚の記憶に加え，本人や支援する人の持つ社会通念を背景に，自己イメージが損なわれることは半ば当然とみなされ，放置される恐れがあるので，注意すべきと筆者は

考えている。

それ以外に、彼女の場合、本人自身当初はあまり意識していなかったが、それまで自分を支えていた価値観が事件によって崩壊してしまい、それが苦痛のひとつとなっていることが、面接によって顕在化するようになった。さらに面接の経過の中で、それが苦しみのひとつであることを採り上げるうちに、気づきの段階が進み、それはある程度しかたがないこととして自分を許し受け入れることができるようになっている。

たとえば症状のひとつとして、彼女は人が怖い、とりわけ加害者と似た外見の人が怖いと感じていた。それは事件にあった人であれば抱いて当然の感情であり、多くの被害者が感じているうえ、事件に関連する場面を避ける、回避症状の要因にもなっている。

ただしこうした「人に対する怖さ」について、面接場面でていねいに聞き取っていくと、怖いことだけではなく、そのように人が怖いと感じてしまう自分がつらい、という内容も含まれていることが見えてきた。

周知のように、事件にあった人々は、自尊心や自己効力感が失われる傾向が指摘されている。彼女の場合、公正でありたい、人を先入観でとらえてはいけない、と考え、それを心がけるとともに、従来自然にそうできていた。またそうできている自分、という自己イメージが支えとなっていたのに、事件後、加害者はもとより無関係の人々にまで、いやな気持を抱いてしまっている。そうした他人を嫌う気持ちが、それまでの彼女の価値観・倫理観にそぐわないため、これまでの自負をくじき、いっそう自尊心を失うことにつながったと考えることができる。これらの傾向は、彼女に限らず、事件にあった人に少なからずみられると考えるが、短期的な介入では最優先の話題ではないため、焦点づける余裕がないかもしれない。しかし、自分の今の考え方を自分でもよしとしない場合、「自分が自分の考え方に共感できていない」ともいえるので、治療者が心理教育や解釈抜きに共感的理解を示しても、すぐにはそれを受け入れにくいだろう。当初からこれらのとらえ方の存在を見込んで、誤った認知としてシステマティックに効率的に介入する方法、たとえば認知行動療法のバリエーションであれば可能であろうが、それも、これらの治療的体験と理解をもとに奏功すると考える。

G．多面的な理解と介入が可能になること

ここまで、長期的に心理療法を行うことで、きめ細かな理解と介入を行うことができるしくみを解説した。先述の治療経過に戻るが、その後本人は並々ならぬ努力によって仕事を続け、昇進もした。しかし後年の面接においては、事件を伏せる理由ともなっていた、職場の雰囲気へのなじめなさが多く語られるようになった。たとえば彼女は、上司や同僚が協力しあわないから、残業ひいては事件に遭ったととらえ、よそでは言えない職場への不満を治療の中で語ることで、ため込んでいた怒りや不遇感を少しずつ吐きだしているようだった。

治療者は、彼女のこれらの認識を受け止めはするが、そうした職場への拒否感を安易に強めると現実の不適応に直結すると考え、感情を必要以上に強めないように配慮し、より適応できる方策についても話し合うようにした。すなわち、職場への不満は、不満と感じること自体には無理はないと考え、労働環境の指摘についても否定はしなかった。しかしその職場の問題は、事件の「直接」の原因ではなく、トラウマに関連した自責感や周囲への怒りをどこにぶつけるかである、と解釈できる部分もあるので、吐き出すことを認め心情を受け止める一方で、否定的な認識を強めるだけにならないように心がけた。彼女は事件以前から、強く意識してはいなくとも職場への不満やなじめなさを感じていたために、被害体験を報告しない選択に傾いたといえるだけではなく、打ち明けられずに苦しんでいる状態によって、職場への否定的なとらえ方を痛感するようになったともいえる。

彼女の例に限らず、このように事件後に、環境の問題、とりわけ公私にわたる周囲との関係がストレスになることは多い。中には筆者からみても、実際に事件以前から抱えている問題があり、事件がなくとも本人の適応を妨げていたと考える場合も少なくない。しかし、事件に遭わなければ周囲との関わりはそこまで強いストレスにならなかったであろうし、長期にわたって面接していると、被害体験の苦しみにほかのストレスが加わって、本人の忍耐を超えたものになることがわかる。二次被害のように、周囲の人の言動がはっきりわかる場合だけではなく、事件と直接の関連がないものであっても、ストレスの総量が大きくなることが、長期にわたり本人を苦しめるものである。

本人の苦しみがいくばくか低減した後、表現するエネルギーが増すこともあって、職場などへの不満を表現することはむしろ多くなることがある。しかし、それに乗じて転職・退職した場合、本人の経済的な基盤が失われることはもとより、ひいてはアイデンティティの危機に直面するおそれがあるので、彼女には治療者としては転職をとめることも勧めることも控えていた。選択の詳細はここでは述べないが、その後、本来あったであろう心の機能を回復していたちはるさんは、自分自身の選択を自分で支持し、生活再建の一歩を踏み出していった。

3. 事例　えりかさん（仮名）

A. 事件と事例概要

外国での性犯罪被害であり、加害者の逮捕には至っていない。帰国後心身の不調を機に来談し、数年の支持的な心理療法を経て状態が改善し、社会的に活躍するまでに至った。しかしその後不況のため失職、ほどなく円滑に転職できたのだが、この時、公私にわたるさまざまなストレスを抱えることが難しくなった。面接においては、引き続きこれらのストレスとなる出来事をどうしのぐか、本人のとらえ方を見直しアドバイスをするようにした。

B．中長期のケア

被害者支援の立場では、彼女のような事例では、必ずしも長期にわたって継続する必要はなく、比較的早期に終結する判断もあるといえる。しかし、可能であれば彼女の場合のように、継続してケアを行い、より円滑に社会生活を送ることができるように支えられれば予後はいっそうよくなると考える。

えりかさんの場合、事件からしばらく経ってから状態が再び悪化している。新しい大きな負荷がなければ、ひとまずの適応は可能であったと推測できるが、負荷の強まる折々に、必要に応じてケアを行い、最低限でも支えることが、その後の回復に資する。規則正しい面接をすべての時期に行うことはなくとも、長い目で心理療法を行い無理なく改善することは可能であり、そのイメージは、彼女のような例であるといえよう。

彼女は治療経過の語りの中で、被害体験自体の衝撃から、その前後の体験についても振り返るようになっていったが、それでも、被害および前後の体験は、現在の生活におけるさまざまな出来事から切り離され、異なった色合いとして見えていることが治療者には認識された。

強い外傷体験を経た人が、長年にわたりそれを咀嚼できないまま、人生の記憶の中で宙に浮いたものとなっていることを見て取る臨床家は少なくないだろう。つまり、ある程度以上強い外傷体験の場合、被害を受けた本人はそのこと自体が人生の流れにうまくはめこまれなかったり、まったく考えられなかったりするものである。それらが回復に向かうとき、外傷体験の前後を含めて、それらの意味づけや流れがつながり、新たな水路が生まれてくる様子が見えることがある。経過を追うにつれ彼女も、事件当時の体験とその前後について、意味づけをもった語りをするようになった。これは彼女の心の世界が、矛盾を抱えつつもひとつの全体として成り立つ様子として、筆者に感じられる現象であった。

4. 課　題

これまで述べてきた彼女たちが、長期間のケアを受けなかったなら、現在よりも明らかに状態が悪かったはずであると決めてかかることはできない。いわゆる対照群を持たない個別の臨床の知見では、印象以上のことはいえない。それでも、継続して身近に専門家がいて、本人を支え、本人の語ることを聞き、折に触れて助言することは有意義であると断言できる。それに至るまでの課題は、彼らと継続した関係を持つことができるか、という関係性の問題、それとも関連して本人が自分やその体験を語るに値すると思えるか、という自己評価の問題、また本人や家族、社会がその負担を受け持つ経済面の問題、さらにはそれを社会にとって意味があるとみなすか、という文化の問題がある。世の中にはさまざまな不幸があり、支えるべき事柄も多く、性犯罪被害のみが重要であるとはしない。それでも、人生の中で性犯罪被害にあっている体験や、それに至る自分の選択などを受けとめていけるように支えることの重要性を強調したい。

第3節　まとめ

順調であれば、性犯罪被害にだけの特徴ではないが、治療過程を追うに従い、おおむね以下のような変化がみてとれるようになる。自分の感情を自分のものとして理解し受け入れることができるようになる。また、その人らしさがより感じられるようになる。すなわち、心理療法開始時は、被害体験にまつわる症状に覆われて個性が見えにくい状態であったのが、面接経過が進むにつれて、同じ苦しみが表現されるとしても、よりその人らしさや奥行きが感じられるようになる。悩みや苦しみが強くても、唐突で違和感のあるものではなく、個人の中に含まれ、折々の判断も、人生の選択に含まれてくる。

これは、犯罪被害に限らずほかの訴えで来談したクライエントに共通することであり、対話療法における治療過程の経過として典型的であるが、性犯罪被害者においても似た傾向が見られる。ただし、その場合も、日常生活を営む中で、さまざまなストレスにさらされるため、油断せず、無理もしない構えを育てることが必要である。具体的には、事件のショックを思い起こさせる出来事や、人とより親密になりたいと感じる葛藤、事件や司法手続に関連して安全や名誉あるいは健康が脅かされるような出来事があると、事件の辛さに加えそれに関連づけられた人生の出来事がさらに辛さを増す要因となってくる。しかし、それを繰り返すうちに、事件と、他の人生の出来事も、治療の経過の中で、人生の歴史全体への取り込みができるようになることが見て取れる。事件の影響は全体として見れば少なくなるが、それでも、関連のある出来事などをきっかけに折々再燃する傾向が残る。ただし、その後の回復は、より早く円滑になり、生活全般に対する影響は短くなる。

1．中長期的ケアを共有する意義――短期的ケアとの関連／時間をかけて信頼感を育てる作業

すでに述べてきたとおり、一対一の中長期的なケアを成立させるには、セラピストとの関係を継続できることが前提となる。そのためには、少なくとも関係を続けられる程度の信頼感を、クライエント・セラピストがともに抱いていることが必要である。

まずクライエントの立場からみれば、担当者個人に対する信頼感だけではなく、心理療法の場に関わる施設の職員など、同心円的に広がっていく周囲の人々への信頼も重要な要素になる。しばしば担当者は、自分を信頼してもらおうとし、またそれでよしとすることがある。しかしクライエントにとって、その場に携わる受付や事務の人々に対しても、信頼できると感じられる雰囲気を体験することで、心理療法が成立する。具体的には心理療法のセッションの前後における、受付や施設全般での体験、往復の徒歩の体験、交通機関での体験などが、彼らを癒す要素になっている。それは、人だけではなく、人以外の環境たとえば建物や空気なども含まれ、安全である感じ、信頼できる感じ、癒される感じに影響する。

これは、性犯罪被害者だけについてのみならず、犯罪被害者、さらにはほかの苦しみを抱えているクライエント全般にいえることである。しかし、性犯罪被害者については、被害体験が対人接触、無防備さ、名誉などさまざまな点に関連しているため、信頼感を再び育てていくことがいっそう重要な課題であり目標になるといえる。

それだけに、ごく限られたセラピストだけへの信頼ではなく、その周囲の人々や環境への信頼を育てること

が、自分をとりまく外界全般への、ほどよい信頼感につながっていく。その点でも、セラピストは、自分の職場内でのチームワークをよりよいものにし、また自分の職場が、コミュニティの中で受け入れられるようにし、コミュニティがより安全で心地よいものであるように図ることに努めたい。

2．継続した支援とセラピストの交代

治療が長期にわたればわたるほど、同じセラピストがクライエントを担当し続け、終結に至ることは、簡単ではなくなる。

例えばクライエント自身や家族の転勤など、クライエントの都合で同じ場で継続できなくなる場合がある。また、セラピストが、個人開業など自分の裁量で継続できる立場にいることは多くはなく、セラピストの異動や施設の編成あるいは方針の変更などによって、同じ担当者で継続できなくなるだけでなく、継続それ自体を断念せざるを得ないこともあり、筆者もそうした経験がある。

その場合は、そこで生じる「別れ」が大きな傷つきとならず、できるだけ治療的な意味を持つように考え、治療場面にとり入れたい。

また、クライエント・セラピストそれぞれの転勤、経済的困窮などの社会的な要因のためにひとりの担当者で継続できないとしても、それによる中断をはさんで、折々必要性の高いときに、可能な機関が受け持って、全体としては中長期的ケアになるようにはかることも、ひとつの方法である。犯罪被害とりわけ性犯罪被害ではなくても、一対一の専門的なケアを長期にわたってうけられる機会が誰にでもあるわけではなく、またそれが最善と

は限らない。多くの人々に、できるだけ効果がある介入を行うには、専門的な見立てを通すことがよいと考えるが、社会全体に必要としている人々が多くいることから、短期的なケアであってもより多くの必要な人に届くようにすることも重要である。またそれとともに、できるだけ中長期的なケアの機会を増やせば、そこで得た長期的で縦断的な観察による知見や見通しを、短期的なケアに還元することができるため、多くの人にとって意義があることであり、中長期のケアを得られる恵まれた少数の人にも寄与するところは大きい。これは心理的ケアだけではなく、身体的なケアにおいても同様であり、教育などの分野でも同様であると考える。

3．長期にわたる関係でも油断しない

長期にわたる性犯罪被害者への心理療法の機会を得ている立場から、その実感や印象について改めていくつか伝えたい。性犯罪被害に限ったことではなく、また今述べたように、中断やいわゆるブレイクが、期間が長い分だけ短期間の場合よりも多く生じる可能性がある。

それは後日、治療の場に戻ってくる可能性も意味しているが、そのように楽観視するのは危険である。セッションで起こる行き違いや関係のこじれについて、中長期の心理療法では、長い目で取り扱いやすいこともあるものの、これまでの信頼関係を失った苦痛は大きく、それが強い傷つきにつながることもある。治療関係もまた、いわゆる「反復」が起こる場となり得るのである。したがって、長期的に関係を持てているから大丈夫である、と油断することは控えたい。

4．意味づけの変化

治療過程を追うにつれ事件の前後にある体験の意味づけが変化することと並行して、事件そのものの意味づけが変化することがある。言い換えれば、事件の意味づけが変化することと並行して、事件の前後にある体験の意味づけが変化することがある。これらは、簡単に因果関係とすることはできないが、関連はみられる。

先に紹介したちはるさんの場合は、職場に言えないことを、孤立無援であることと関連させてとらえていたし、その際事件の外傷的体験に伴う孤立無援感があって、職場に打ち明ける気持ちになれずにいたといえる。またそのような「いざという時に支えにならない職場」であると感じ、打ち明けなかったことで、実際に孤立を深めることになっている。このように、事件の体験が影響して他の行動のマネージがうまくできなくなることがある。事件後すぐに打ち明けたならば、周囲は適切な援助をしただろう、と推測することはできないが、彼らなりの適応を求める行動、たとえば「誰にも言わずに耐える」ことが、必ずしも適切といえない例であるといえよう。

このように、実際の行動は、本人の認知が影響のもとにありその行動がさらにその認知を支えるというサイクルが起こってくる。回復につれて本人の行動の変化が伴わない場合でも、事件とその前後を含めたとらえ方も変容してくることがある。

たとえば、事件のことを母に伏せていたあるクライエントは、後に、偶然あるきっかけから母が事件を知るようになったが、それとともに、それまでは母に言えないでいた事件と直接関係のない他のもろもろについても、より率直に話せるようになっていった。本人は、「そのときの母が事件を受け止めた様子を見て、これまで抱いていた母のイメージが変わった」と語っている。

5．悪いサイクルとよいサイクル

日常生活でたとえてみよう。仮に、自分にとって大切な人が事件に巻き込まれて亡くなった知らせを、ある朝、出勤前に突然受け取ったとする。そのこと自体強いショックであるが、それを聞いていたことによって、いつもなら間に合うはずのバスにぎりぎりで乗れなかった。発車しそうなところでほとんど追い付き、手を挙げて待ってもらおうとしたが、運転手は自分を見たはずなのに、そのまま発進してしまった。この、バスが行ってしまった、乗れなかった、ということのショックは、普段の同様の体験とは異なる強さで感じられるだろう。発車したバスの運転手の側は、いつもの業務を正しく行っていてそのときのことを「発車したところ」と認識し、それをあえて停車させることは危険なので避けている。しかし本人にとってはバスに乗車「拒否」された感じを持つ。見かけたはず、という見方が、乗せてくれるはず、乗せないのは私を拒否した、私を見捨てた、と感じることにつながる。このように、気持ちが傷つき、弱っているところに、新たな傷つきがあると、より傷つきは強まり、広い範囲に及ぶようになる。事件の意味づけが他の出来事の意味づけと相互に影響するのは、このように当然のことである。

これらは、通常、本人も意識化することがなく、周囲が観察することもできない。初期には、当然ながら事件の衝撃が前面にあり、その対処も急がれるため、いっそうわかりにくい。しかし、現在急性期にいる人々いずれの場合にも、このことがあるかもしれない。したがって、個人の聞きとりや心理療法を行う際には、よりその人自身や出来事を理解するために、事件そのものだけではなく、その前後でのつらかった体験にも着目することがよいだろう。これは、二次被害の体験のありようとも関連する課題である。初期には、その周辺の出来事は事件そのものに比較して小さく、さほどの傷つきとして認められないかもしれないが、また実際は、緊急性の高い、現実に対処が必要な内容を優先して扱うのであるが、生育史上の、幼い頃の体験とともに、事件に近い前後の、傷つきにつながるような出来事があるかもしれない、と考えておくことが、中長期的な対応では役に立つ。当初の予測よりも回復がはかばかしくない場合などは、この点について、見直してみる価値がある。

あるいは、回復とは、また場合によっては状態の悪化も、事件の周辺の出来事と関連したひとつながりの歴史として認識される過程なのだということかもしれない。

6．中長期だからできること

現在わが国で、性犯罪被害者に対し、中長期的になることを予測し前提として、枠組みのしっかりした心理療法を開始できる場にいる臨床家は少ないだろう。しかし、それが必要でその機会もあった場合には、中長期的な心理療法であるからこそできることがある、と筆者は体験上感じている。

繰り返し述べてきたように、短期間にケアを終了することで得られる長所も確かにある。またそれで終了できるくらいに、ある程度の回復が見込めれば、短期間で終了できればそれに越したことはない。たとえば、本人の時間的経済的な負担の少なさはもとより、継続するための公費負担および家族や支援者の負担の少なさがある。これは心理療法全般にいえることであり、長期であるためのさまざまな負担や、それが可能となる境遇の人は限られている、という歴史的な批判と反省をもとにして、多くの技法や設定が編み出されたことにつながる。また、これらは心理療法に限ったことではなく、困難を抱える人々には身体への治療や教育、福祉など多くの資源が有効であり、心理的な支援はその一部である。ただし、効率的であることを求めるあまり、本人の回復に最もよい方法は何かと吟味することなく、短ければよい、効率的であればよい、とするのは誤りである。

7. 最後に――時間をかけた変化を、クライエントとともに観察し評価する

回数や時間制限のある短期型の心理療法では、時間をかけた変化をともに観察し評価することは難しい。短期間に心理療法を終了しても、フォローアップとして後日面接することができれば、中長期の評価作業を、クライエント・セラピストがともに行うことができるが、そのような方法は、目の前の出来事に追われていると難しいかもしれない。筆者は、後日再開する方法もある、と述べたが、実際には、対象者の年齢制限や担当者の異動などがあり、同じ機関や治療者が受け入れられるとは限らない。再開やフォローアップが可能な場合は、再び出会えたことをかみしめ、折々の変化を語り合い、それらを本人の人生に組み入れていく作業を一緒に行うことになるであろう。そこでは、事件の体験を多く語らなくとも、かつてともに取り組んだ人同士として、事件を意識的・無意識的に取り扱っていることになると考える。

〔参考文献〕

鈴木龍（2000）．「最初の出会いから治療へ」開業精神療法研究会（編）『心の相談 最前線』星和書店、15－36頁

第5章
援助者のストレス

上田　鼓

第1節　二次的外傷性ストレスとは何か

1．二次的外傷性ストレスとその周辺の概念

程度の差はあれ、犯罪被害者支援に携わっていると、犯罪被害者の遭った事件・事故の詳細について知ることになる。そして、その悲惨さに衝撃を受け、ひいては人の生と死について考えさせられもする。犯罪被害者支援に携わる者には、それなりの覚悟が必要になるだろうと思う。

このような「配偶者など親しい間柄のものがトラウマとなる出来事を体験したことを知ることにより自然に必然的に起こる行動や感情」は、「二次的外傷性ストレス」（Figley, 1999）と定義されている。親しい間柄のものとはいっても、直接ストレッサーに曝された犯罪被害者の家族や友人だけではなく、メンタルヘルスの専門家やその他の援助者も二次的外傷性ストレスを受けることが指摘されている。二次的外傷性ストレスに類似した「共感疲労（compassion fatigue）」という概念は、ジョインソン（Joinson, 1992）が看護師のバーンアウトについて述べた論文で最初に使用されたとされるが、フィグリー（Figley, 1999）は二次的外傷性ストレスと同じ現象を後に共感疲労と呼んでいいことを述べており、いずれも同義としている。すなわち、これらの概念が指し示すものは、痛みを抱えている人を救済しようとする共感的な関わりから生じるもののことである。

二次的外傷性ストレスには、他にも類義の概念・用語がいくつかあるために混乱を招いている感も否めない

が、特に本稿においては、性犯罪被害者支援に関連する概念を取り上げ説明を加えた上で、二次的外傷性ストレスの現状とその対応について述べたいと思う。

A．代理受傷（vicarious traumatization）

マッキャンとパールマン（McCann & Pearlman, 1990）によって初めて概念化されたもので、性的虐待の被害者を扱う臨床家の立場から提唱されている。代理受傷は、「クライエントのトラウマ素材に共感的にかかわった結果、かかわった者の内的体験が変容すること」と定義されている（Rosenbloom et al., 1999/2003）。代理受傷が発展してきた構成主義自己発達理論では、いかにトラウマが人の発達と人格に影響を及ぼしているかを明確化することに重点が置かれており、援助者は、①世界観やスピリチュアリティ、自己同一性といった準拠の構造、②心理的欲求、③自己調整能力、④自我能力、⑤記憶・認知能力の５つの領域に影響を受けるという（Rosenbloom et al., 1999/2003）。

代理受傷では自己や世界に対する認知に永久的な変化が生じるところに重点が置かれている。

B．外傷性逆転移（traumatic countertransference）

そもそも逆転移とは精神分析の分野から生じた概念であるが、フロイト（Freud）以降、精神分析の領野が広がるにつれて分析者の反応がより重要視されるようになり、逆転移も注目を集めるようになったとされ、「分析者の被分析者にたいする、ことに被分析者の転移にたいする無意識的反応の総体」とされる（Laplanche & Pontalis, 1976/1977）。この逆転移を、外傷を受けた事例を治療する際に生じる治療者側の反応として著述しているのが、ハーマン（Herman, 1997/1999）である。ハーマンは、治療者は患者の外傷体験を聞くうちに、「程度こそ違え、患者の同一の恐怖、怒り、絶望を体験する」とし、このような現象を「外傷性逆転移」と呼んだ。外傷性逆転移の概念は外傷性転移とともに並置され、外傷を受けた患者と治療者との間で展開される情緒的な交流に焦点が当てられており、症状をベースとしたものではない。治療者はＰＴＳＤ症状を体験し始めたり、患者と同じく人間関係の破綻に苦しんだり、孤立無援感や能力不足を感じたりすることがあるが、そこには被害者や加害者、傍観者との同一化の過程があることが指摘されている。

2．二次的外傷性ストレスの反応

以上見てきたように、二次的外傷性ストレスの関連概念は複数あり、それぞれの概念が意味するところにより、変容を来す部分も異なるとされるのであるが、どのような反応が生じるかといえば、ＡＳＤやＰＴＳＤ、抑うつなどを中核とする、次のような反応が生じることが指摘されている。

⑴　身体的反応：呼吸・心拍数の増加、頭痛、発汗、悪夢、入眠困難、不眠、食欲減退など
⑵　精神的反応：想起困難、現実感の消失、注意力の減退、集中力の低下、フラッシュバック、感情の麻痺、恐怖・不安・怯え・怒り・悲嘆・無力感・罪悪感など
⑶　行動的反応：過活動、落ち着きのなさ、深酒など

第2節　二次的外傷性ストレスの実態

1．性犯罪被害者支援に携わる者の問題

2013年，アメリカではDSM-5（APA, 2013/2014）が刊行されPTSDの診断基準が修正されたのだが，特に私は，DSM-Ⅳ-TR（APA, 2000/2002）からのトラウマ的出来事についての基準の変更に注目した。DSM-5のトラウマ的出来事の基準は，「実際にまたは危うく死ぬ，重症を負う，性的暴力を受ける出来事への，以下のいずれか1つの形による曝露。①心的外傷的出来事を直接体験する，②他人に起こった出来事を直に目撃する，③近親者または親しい友人に起こった心的外傷的出来事を耳にする，④心的外傷的出来事の強い不快感をいだく細部に，繰り返しまたは極端に曝露される体験をする」とされ，④の例として，「遺体を収集する緊急対応要員，児童虐待の詳細に繰り返し曝露される警官」が挙げられた。すなわち，DSM-5では，職務において極めてストレスの高い出来事について曝されることもトラウマ的出来事となることが明示されている。性犯罪被害者のカウンセリングの場合を考えると，耐え難い体験をした被害者の話に繰り返し曝されることになるわけであり，それだけ支援者の負担は大きいことがお分かりいただけると思う。

また，性犯罪被害者支援には特有の支援者のストレスがあると思われる。どのような現場であれ，犯罪被害者支援に携わる者であれば二次的外傷性ストレスの問題から逃れることはできないが，性犯罪被害者の心の傷が大

きいことは言うまでもなく、実証研究においてもレイプ被害のＰＴＳＤ有病率が5割だと指摘されている（Kessler et al., 1995）ことなどからすれば、支援者が、その出来事や被害者の気持ちに圧倒されることは想像に難くないであろう。中でも、性犯罪被害の相談の難しさというのは、カウンセラーの性にまつわる課題が喚起されることにもあると感じる。性的な問題に抵抗感を抱きがちであれば、その話をどこまで聴いたら良いのかとまどいを覚えることがあるかもしれないし、過去に似たような被害に遭ったことがあれば、そのときの感情が賦活されることがあるかもしれない。逆に、その出来事を否認し、共感できない感覚を覚えるかもしれない。性的な問題は、日常的に語られることのない話題でもあり、そもそも適度な心的距離を保つことが難しいという問題を孕んでいる。

さらに、性犯罪被害者の感じてきた苦しさ、怒りといったさまざまなネガティブな感情は、時に受け入れがたいがためにカウンセラーに投げ込まれることもある。性犯罪被害者とのカウンセリングに際して、カウンセラーがもつ無力感、侵入している感じ、相手を傷つけてしまうのではないかという怖れの感覚は、このような被害者の投影により生まれるものでもあるだろう。

ただし、性犯罪被害者支援における二次的外傷性ストレスの問題は、被害者から受け取った感情に対する反応以上の、何か自分の信念に近いものも、同時に揺さぶられるところにある気がする。それには被害者への同一化が強い影響を及ぼしているであろうし、さまざまなトラウマを見聞きしていくうちに、世界に対する認知が変容する、つまり、これまでは思いも及ばなかったような気持ちになることも当然のことながらあるだろう。自分や家族がいつ何時そのような出来事に遭うか分からないと感じる、夜道が気になる、自宅の鍵を何度も確認する、自分が事件に遭う夢を見る、という状態になることはそれほど珍しいこととは思われない。トラウマの伝聞が累積すればするほど、今まで概ね安全に暮らしていたことがむしろ奇跡に感じられてくる。

そして、この種のストレスは、支援者の心の奥底にある根源的な不安が刺激され、その不安と結びついて現れ出てくるために、苦しく、保持しておくことが難しくなるような気がしてならないのである。

2．二次的外傷性ストレスに関する調査研究

A．トラウマの支援に携わる専門職についての研究

二次的外傷性ストレスの実態は果たしていかなるものなのか、先行研究の中でも専門職を対象としたいくつかの研究を外観してみたい。

平成16（２００４）年に実施された内閣府男女共同参画局による「配偶者等からの暴力に係る相談員等の支援者に関する実態調査」では、回答を寄せた配偶者暴力相談支援センター、女性センター／男女共同参画センター、民間シェルターの相談員等の３割が、代理受傷を体験したりバーンアウト状態に陥ったりするようなことが自分自身に「当てはまる」もしくは「やや当てはまる」と回答したとしている。また、先行研究から、犯罪被害者支援に携わるもしくはトラウマを抱えた人を支援する専門職員やカウンセラーにおいて、臨床介入の対象となるようなハイリスク者の割合は８～９％程度であることが推測される（Ortlepp & Friedman, 2002; 冨永ら2005)。

では、リスク要因は何であろうか。全国被害者支援ネットワークに加盟する団体で活動を行っている支援者を対象とした調査においては、専門家の相談相手のいないこととトラウマ体験のあることが挙げられている一方

で、活動頻度が少ないことも挙げられている（大澤 2005）。トラウマのインパクトが大きいほど反応も大きくなるという比例的な効果は指摘されているところであるが、支援回数が少ない場合には、馴化が生じにくい、支援対象者の回復の過程を知ることが出来ない、悔恨を残しやすい、ということがあるのかもしれない。特に女性臨床家が性犯罪被害者を面接する場合には、他の相談内容の場合と比較し、感情の麻痺やクライエントの症状がうつる、侵入的な感覚が強まる、共感が難しいなどの影響が報告されたと指摘されている（大澤 2005）。

さらに、デイトンら（Deighton et al., 2007）は、カウンセラーやセラピストにおける二次的外傷性ストレスの発現は、クライエントによる語りに曝露されることではなく、その出来事をワークスルーできなかったことによると指摘している。すなわち、出来事そのものなどの外的要因だけではなく、そのことが支援者にとってどのような意味をもつかなどの内的要因についても考慮すべきことが推測される。

B．警察官についての研究

筆者はこれまで、二次的外傷性ストレスの問題は、支援者が支援者として機能するための肝であると感じ、警察官を対象とした研究を重ねてきた。警察官は捜査だけではなく犯罪被害者支援を行っており、この課題に取り組んでいくことが、適切な支援活動にも結びつくと考えたからである。

海外では、警察官の外傷性ストレス研究は進んでいる（Marmar, 2009）。一方、わが国では、消防職員や海上保安官などを対象とした惨事ストレス（Critical Incident Stress）調査はあり、さまざまな文献において警察官のストレスも指摘されていたのであるが、犯罪被害者支援活動に携わる警察官の二次的外傷性ストレス研究は見当たらず、実態が不明であった。

表5-1　2005年と2008年のIES-R得点の比較（n=1,356）（上田，2010b）

	2005年（n=733）	2008年（n=623）	検定結果
IES-R平均値（男性）	7.57（SD=11.50）	6.94（SD=11.68）	$t(929)=.86$, $n.s.$
IES-R平均値（女性）	8.65（SD=10.89）	7.84（SD=11.93）	$t(423)=.75$, $n.s.$
t検定結果	$t(731)=-1.23$, $n.s.$	$t(621)=-.88$, $n.s.$	
PTSDハイリスク者（男性）	8.67%（n=43）	8.28%（n=36）	$\chi^2(1)=.14$, $n.s.$
PTSDハイリスク者（女性）	9.28%（n=22）	9.04%（n=17）	$\chi^2(1)=.00$, $n.s.$
χ^2検定結果	$\chi^2(1)=.08$, $n.s.$	$\chi^2(1)=.10$, $n.s.$	

表5-2　さまざまな職種におけるPTSDハイリスク者の割合

上田（2006）	畑中ら（2004）	廣川（2005）	大澤（2005）
日本の警察官（n=733）	消防職員（n=1,516）	海上保安官（n=842）	被害者支援相談員（n=121）
8.9%	15.6%	9.1%	9.1%

そこで、約100人の警察官に質問紙を配付し現場の声を拾うと、「被害の疑似体験をしている」、「自分がおかしいと思っていた」などの声が挙がってきた。数度の調査を経て、最終的に延べ3千人の警察官に調査を実施した。そこで明らかになったのは、性差はないこと、犯罪被害者支援活動に伴う警察官のIES-R（Impact of Event Scale-Revised：改訂出来事インパクト尺度）（Asukai et al., 2002）で測定したPTSDハイリスク者（IES-R25点以上）の割合は7～10%ということ（表5-1、表5-2）、犯罪被害者からの聴取を行うなどの伝聞によるだけでもPTSD症状は生じるということであった（上田 2010a, 2010b, 2011）。2009年、同じく警察官を対象とした研究を進めている当時カリフォルニア大学のマーマー（Marmar, C. R.）氏と意見交換する場を得たのであるが、男女差が認められない、約1割の警察官にハイリスク者が生じるという結果は、アメリカの警察官を対象とした調査とも一致していた。

C．性犯罪被害者支援における二次的外傷性ストレス

図5-1を見ていただきたい。警察官に、ここ2年以内に犯罪被害者支援を行ったことのある事案のうち、一番衝撃を受けたと感じられる一つの事案を挙げてもらった結果である。事案の罪名は複数に跨がることもあるため複数回答となっているほか、警察官の性差によって扱う事案が多少異なることはあるものの、さまざまな事案のうちで、強姦・強制わいせつは、男女ともに衝撃を受けた事案として多く挙げられていることが分かるだろう。また、特に調査時点で性犯罪捜査・支援に携わっている女性警察官39人を対象とした調査では、これまでに一番衝撃を受けた事件として性犯罪（強姦、強制わいせつ、強盗強姦・強盗強姦致死、強制わいせつ等致死傷を含む）を挙げた者は24人と最も多く、PTSDハイリスク者は16・1％に上った（上田 2010b）。

これらの調査では、同じ事案における犯罪被害者支援活動に従事した警察官の症状を一律に数か月後に測定するというような、トラウマ要因と発症時期とを等しくして測定していないという問題点は残っている。しかし、特に性犯罪被害者支援の場合、調査分析に足るほどの多人数の警察官が同じ事案に携わることはあり得ず、質問紙調査の限界点ともいえるだろう。

いずれにせよ、性犯罪被害者支援は警察官にとって他の事案と比較してもストレスの大きいことが推測される。その理由を検討するため、先の女性警察官を対象とした調査では、一番衝撃を受けた事案において何をストレスに感じたかについての回答者の記述を分析した。その結果、IES-R低得点者は被疑者への怒りといった感情や捜査上の外的手続などを挙げているのに対し、PTSDハイリスク者は、自分の気持ちと警察官としての気持ちのギャップ、精神的に追い込まれる辛さ、被害状況の想像による怖さ、被害者への対応の困難さを挙げていた（表5-3）。すなわち、ハイリスク者の場合は、被害状況を想像して自分自身に置き換えるという内的プロ

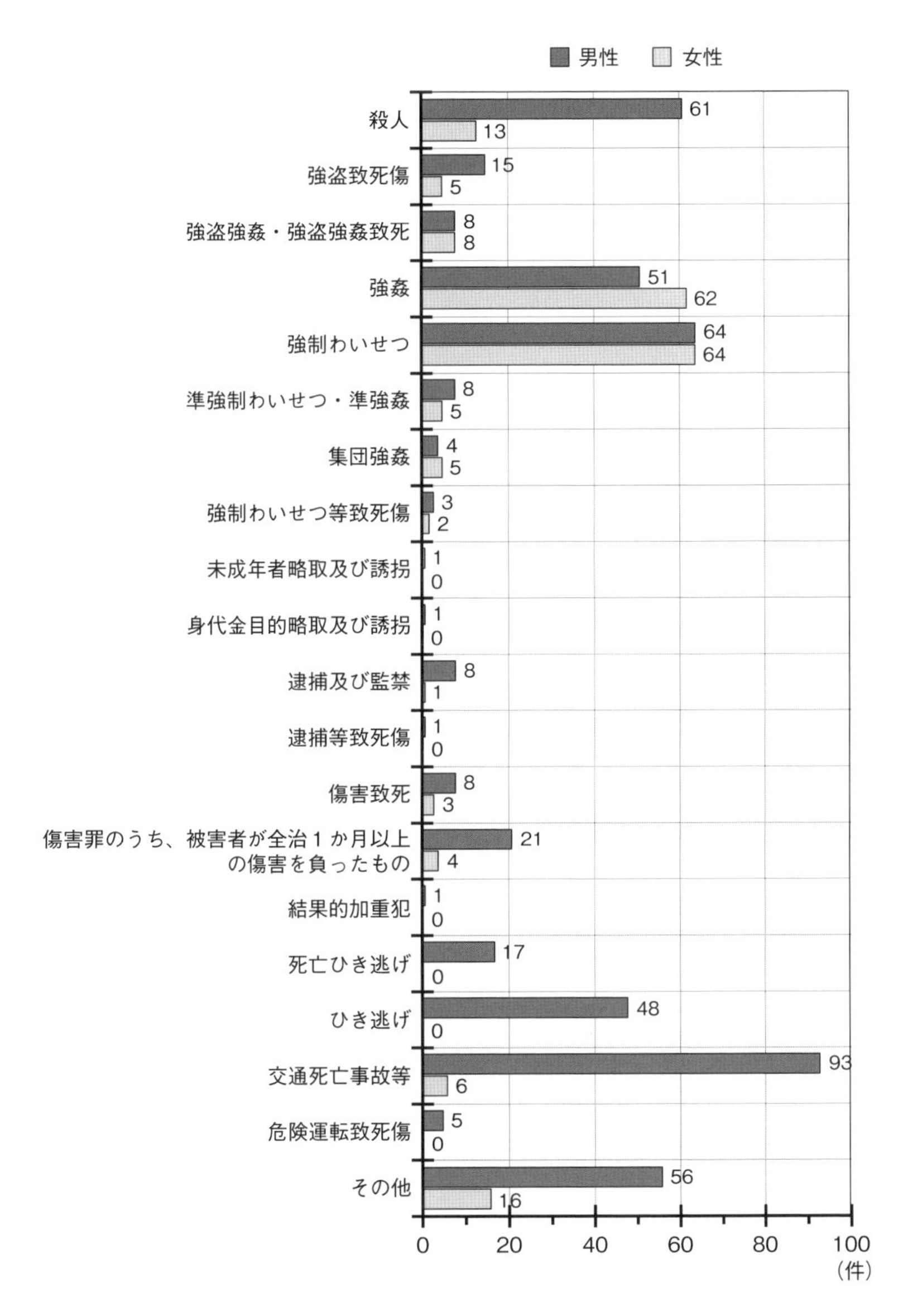

図５-１　衝撃を受けた事案名（n=623　複数回答）（上田，2010 b）

表5-3　IES-R低得点者（n=4）とPTSDハイリスク者（n=4）の自由記述の比較（上田，2010 b）

	衝撃的に感じられた事案	何をストレスに感じたか
IES-R低得点者	強制わいせつ、強盗	自分の気持ち（社会的弱者に対して犯罪を犯すことに対する気持ち）
	強盗強姦、強盗強姦致死	捜査上の手続（病院での検査、待ち時間の長さ）
	強姦	自分の気持ち（被害者を守りきることが出来るかという思い）
	強姦	自分の気持ち（被害者を疑ってしまったこと）
PTSDハイリスク者	強制わいせつ	自分の気持ち（自分の気持ちと警察官としての気持ちとのギャップ）
	強制わいせつ、県迷惑防止条例	自分の気持ち（単独対応で精神的に追い込まれた）
	強姦、強制わいせつ	捜査上の手続（被害者が話し辛そうにする様子、質問の多さ） 自分の気持ち（被害状況を想像してしまい、怖かった）
	強姦	対応の困難さ（言葉掛けへの気遣い、捜査員としての経験のなさ）

セスがあったり、自分の対応に対する迷いや1人で対応する辛さを抱えたりしていることが推測される。

警察官は日々トラウマティックな出来事に対応しているために、耐性やレジリエンスが比較的高い可能性もあり、一般の人と直截に比較することは難しいかもしれない。しかし、これらの研究がトラウマに携わる支援者の二次的外傷性ストレスを考えていくためのヒントになることは確かであるだろう。

第3節　二次的外傷性ストレスへの対応

それでは、二次的外傷性ストレスに対処するためにはどうしたらよいのであろうか。休養を取ること、気分転換を図ることなど、さまざまな対処法が指摘されているが、特に私は次の2点を挙げたい。

1. 事態を理解する軸をもつこと

トラウマを扱うということは、おそらく想像以上のストレスがかかってくるものである。時には激しい感情に曝されたり、支援者同士が巻き込まれて互いの関係が悪化したりすることもある。外傷的な出来事が支援者に与える影響力は大きく、外傷的な支援に携わっているということに無防備でいては、支援者自身の心を守ることもできず、傷つきを深くする可能性さえある。

犯罪被害者を支援する際に、犯罪被害者についての学びを得るばかりでなく、支援者の問題である二次的外傷性ストレスについての知識に明るいことは一つの助けになるだろうと思う。支援者は誰しも二次的外傷性ストレスを体験し得るものであることはこれまでも言われてきており、さまざまな研究も指し示すところである。

ただし、二次的外傷性ストレスについて知ることの大切さは、そういった現象があると納得するとか、組織内において上司が部下を配慮するようになる、といったことだけにあるのではない。「知識」というのはある意味で画一的なものでもあるが、それを頼りとして物事の事象を見極められていくところに価値があると思う。数学に例えれば、ある場所に置かれた一つの点は、X軸とY軸とが引かれることによって初めて、その位置が明確になる。各々が認識をもつということは、支援者個人に何らかの軸があるということであり、それに基づいて心の中で起こっている事態を理解することができる。そして、理解することが出来れば、不安になってもそこに踏みとどまることができるのだと思う。

犯罪被害者を支援するためには、支援者が安定した態勢でいることが望ましく、無自覚に自分が傷ついたままでいれば、相手に対して包容力をもって安定した対応を行うことは難しい。そのためには、自分の心に何が起きているのか、それは何に基づいているのか、といったことを十分に吟味できることが大切である。

2. 相談できる人を得ることと職場の雰囲気作り

筆者による警察官を対象とした調査では、外傷的な出来事への直接的な曝露がある場合、伝聞による間接的な曝露が多い場合には、PTSD症状あるいは抑うつ・不安症状が強くなることが示された。すなわち、外傷的な体験の累積が多いほど、PTSD症状などが強まることが示唆されたと言える。他の支援者も同様であり、トラウマ体験が累積すればそれだけストレスも大きくなる可能性があることは容易に想像できるだろう。

筆者自身は、これまで比較的恵まれた環境において支援に従事することが出来たと思う。それは同僚や他機関、他職種など、さまざまな方々とともに支援できたからである。チームで支援する、同じ経験をしている人がいるということは心強いものであり、支援全体を眺めたときにも、単独で行うよりはるかに大きな仕事をなし得る。複数の支援者とともに支援をすることができるかはその支援者が置かれている環境によっても違ってくるが、出来る限り一人で抱え込まない工夫は必要であろうと思う。同僚は、その支援者がどのような支援に携わっているのかをつぶさに見ており、何に悩んでいるかを分かってもらえる頼りになる存在であるし、スーパーバイザーが確保できれば、その状況を専門的に検討してもらえる。

一方の職場内の体制としていえば、支援者を孤立させない雰囲気作りが重要だろう。私はこれまでに、先述の研究結果等を踏まえ、警察部内における研修、犯罪被害者支援に携わった警察官への面接、二次的外傷性ストレス対策を立ち上げていくための検討会参加等を行ってきた。それらの取り組みの中から、二次的外傷性ストレスの影響は、どのような支援活動を行ったかという内容によって異なること、支援活動では犯罪被害者一人一人に応じて活動するため、より同一化が起こりやすくなることが推測された。また、ストレスには気分転換が必要と言われるが、ストレスを受けた職員を病気として扱うのではなく、自然なことだとして休ませるだけでも、その後の回復が異なる可能性があること、休ませるだけではなく支援活動を続けるために周囲がいかにサポートしていくかという視点を持つことも重要だと感じられるようになった。

支援者はさまざまな投影を受けやすい。ときには「頼りになる」と理想化され、ときには「傷つけられた」と怒りを向けられる。そのような相手からの感情が、「自分は何もできない」、「支援者として不適格ではないか」との無力感を生む可能性もある。支援者が孤立しないよう、周囲はその支援者を支えるような雰囲気を日頃から作っておくことが求められる。

第4節　まとめ

筆者が臨床に携わっている中で、特段取り挙げることのできるような成功例があるとすれば、その背後には多くのうまくいかない例があり、その時々でそれらは強いストレスとなった。しかし、むしろ後者の体験とそこで考え続けてきたことが今の私を支えていることは確かである。

支援者という立場に置かれると、どうしてもしっかりしているべきだと思い込み、弱音を吐けなかったり、自らの感情を否認して何もなかったかのように振る舞い、その辛さをやり過ごしてしまったりする。しかし、それでは何の解決にもならないであろう。また、逆に初めから支援に関わらない方が良い、ということでもない。上田（2006）によれば、外傷性ストレスを強く受けた女性警察官は、犯罪被害者と関わることについて、否定的なだけではなく、肯定的にも捉えていることが指摘されている。

むしろ、ＰＴＳＤ症状をはじめとする被害後生じるストレス反応をよく理解し、自分自身の中に、否定的な感情が湧き起こることも、支援を行ったことによる傷つきが生じることも当たり前のこととして向き合うことが、個人にも、周囲の者にも必要なのだと考える。

〔引用文献〕

American Psychiatric Association (2000). *Diagnostic and Statistical Manual of Mental Disorders. Fourth ed., text revision.* 〔ア

メリカ精神医学会　高橋三郎・大野裕・染矢俊幸（訳）（2002）『ＤＳＭ-Ⅳ-ＴＲ　精神疾患の診断・統計マニュアル』医学書院〕

American Psychiatric Association（2013）. *Diagnostic and Statistical Manual of Mental Disorders. Fifth ed.*〔アメリカ精神医学会　日本精神神経学会（日本語版用語監修）高橋三郎・大野 裕（監訳）（2014）『ＤＳＭ-５　精神疾患の診断・統計マニュアル』医学書院〕

Asukai, N., Kato, H., Kawamura, N., Kim, Y., Yamamoto, K., Kishimoto, J., Miyake, Y., & Nishizono-Maher, A.（2002）. Reliability and validity of the Japanese-language version of the Impact of Event Scale-Revised（IES-R-J）: Four studies of different traumatic events. *The Journal of Nervous and Mental Disease*, **190**, 175–182.

Deighton, R. M., Gurris, N., & Traue, H.（2007）. Factors affecting burnout and compassion fatigue in psychotherapists treating torture survivors: Is the therapist's attitude to working through trauma relevant? *Journal of Traumatic Stress*, **20**（1）, 63–75.

Figley, C. R.（1999）. Compassion fatigue: Toward a new understanding of the costs of caring. In B. H. Stamm（Ed.）, *Secondary Traumatic Stress: Self care issues for clinicians, researchers and educators. Second ed.* Sidran Press.〔Ｃ・Ｒ・フィグリー「共感疲労――ケアの代償についての新しい理解に向けて」Ｂ・Ｈ・スタム（編）小西聖子・金田ユリ子（訳）（2003）『二次的外傷性ストレス――臨床家、研究者、教育者のためのセルフケアの問題』誠信書房、３–28頁〕

Herman, J. L.（1997）. *Trauma and Recovery. Revised ed.* New York: Basic Books.〔Ｊ・Ｌ・ハーマン　中井久夫（訳）（1999）『心的外傷と回復　増補版』みすず書房〕

Joinson, C.（1992）. Coping with compassion fatigue. *Nursing*, **22**（4）, 116–122.

Kessler, R. C., Sonnega, A., Bromet, E. J., Hughes, M., & Nelson, C. B.（1995）. Posttraumatic stress disorder in the National Comorbidity Survey. *Archives of General Psychiatry*, **52**（12）, 1048–1060.

Laplanche, J., & Pontalis, J.-B.（1976）. *Vocabulaire de la psychanalyse. 5e ed.* Paris: Presses Universitaires de France.〔Ｊ・ラプランシュ ＆ Ｊ-Ｂ・ポンタリス　村上 仁（監訳）（1977）『精神分析用語辞典』みすず書房〕

McCann, I. L., & Pearlman, L. A.（1990）. Vicarious traumatization: A framework for understanding the psychological effects of working with victims. *Journal of traumatic stress*, **3**(1), 131–149.

Marmar, C. R.（2009）.「トラウマ：その傷つきと回復――警察官における外傷後ストレスに関する前向き疫学研究（Prospective study of posttraumatic stress in police）」『トラウマティック・ストレス』７巻２号、３-10頁

内閣府男女共同参画局（2004）.『配偶者等からの暴力に係る相談員等の支援者に関する実態調査』〈http://www.gender.go.jp/e-vaw/chousa/h1609gaiyou.html〉

Ortlepp, K., & Friedman, M.(2002). Prevalence and correlates of secondary traumatic stress in workplace lay trauma counselors. *Journal of Traumatic Stress*, **15**(3), 213–222.

大澤智子（2005）.「二次受傷に関する実証的研究――犯罪被害者を支援する人々を対象にして」『心的トラウマ研究』１巻、79-85頁

Rosenbloom, D. J., Pratt, A. C., & Pearlman, L. A.(1999). Helpers'responses to trauma work: Understanding and intervening in an organization. In B. H. Stamm（Ed.）, *Secondary Traumatic Stress: Self care issues for clinicians, researchers and educators. Second ed.* Sidran Press.〔D・J・ローゼンブルーム、A・C・プラット、L・A・パールマン「トラウマに関わる仕事に対する援助者の反応――理解と組織における介入」B・H・スタム（編）小西聖子・金田ユリ子（訳）(2003)『二次的外傷性ストレス――臨床家、研究者、教育者のためのセルフケアの問題』誠信書房、62-75頁〕

冨永良喜・渡辺啓介・住本克彦（2005）.「被害者支援専門職者の二次的外傷性ストレスと集団認知動作療法プログラム」『発達心理臨床研究』11巻、1-8頁

上田　鼓（2006）.「警察官における二次受傷とその要因に関する研究」『心理臨床学研究』23巻６号、６４９-６５９頁

上田　鼓（2010a）.「警察官の外傷性ストレスの実態に関する研究――ＰＴＳＤ症状と気分・不安障害との関連について」『トラウマティック・ストレス』８巻１号、35-44頁

上田　鼓（2010b）.「警察官の外傷性ストレスに関する研究」東京学芸大学大学院連合学校博士論文

上田　鼓（2011）.「警察官のＰＴＳＤ症状におけるストレス因子に関する研究――直接曝露体験と間接曝露体験の比較」『心理臨床学研究』29巻２号、２０９-２２０頁

第6章

アンケート調査にみられる心理臨床家の意識

山下由紀子

第1節　自主シンポジウムの紹介

「はじめに」で紹介されているように、平成25（２０１３）年8月に開催された日本心理臨床学会第32回大会で、本著者たちは「性暴力被害者支援～臨床実践から得られた意義と課題～」というタイトルの自主シンポジウムを行った。

このシンポジウムの内容に簡単に触れておきたい。まず最初に、司会の中島が性暴力被害者支援の歴史と施策を提示し、シンポジストの上田は警察での臨床実践を、齋藤は民間被害者支援団体での臨床実践を、そして大山は大学の心理臨床センターおよび開業での臨床実践を紹介しつつ、各々が見出してきた性暴力被害者支援の現代的意義と課題について話題を提供した。その後、指定討論者の小西を含めてシンポジスト全員で提示された課題について意見を述べ合った。フロアからの発言も数々あがり、会場全体で性暴力被害者支援の課題や展望を共有したといえるだろう。シンポジウムには、私たちの予想を超えて、広いフロアが埋まるほど多くの参加者が集まられたので、普段語られることの少ない性暴力被害者支援への心理臨床家の関心の高さを体感できたのは大変嬉しいことであった。

その場で、今後の支援の充実に活かすことや書籍化を目的として、参加者に「性暴力被害者支援に関する調査」へのご協力を依頼したところ、任意にもかかわらず、１２４名の方の回答を得ることができた。シンポジウムでの話題も刺激になり、日頃の臨床での思いを多くの方が伝えてくださったのである。

本章では、このアンケート結果からみえる、性暴力被害者支援に関する心理臨床家の意識を報告し、今後の課題やその対策検討に繋げたいと思う。

第2節　参加者のアンケート結果

今回のアンケートは、性別や年齢、職種や職場といった個人属性に関する質問の他、「性暴力被害者の相談を受けた概ねの件数」、「性暴力被害者の相談を受ける際に困難に感じていること」、「現職場でより充実した支援を行うために必要と思うこと」を尋ねる質問、および「自由記述」という構成である。

なお、自由記述に関しては、回答者の文意を変えないよう考慮しつつ、一部修正を加えて掲載させていただいたことをご了解願いたい。

1．回答者全体の結果

A．個人属性（表6‐1参照）

回答者は124名（男性18名、女性100名、未記入6名）であった。テーマの性質上、女性の参加者が多かったこともあり、回答者も全体の8割を女性が占めていた。

年齢は、30代が37名（29・8％）と一番多く、次いで20代が32名（25・8％）、40代が26名（21・0％）、50代

相談を受ける上での困難さ（複数回答可）		回答数	対124名の%
ア	アセスメントに自信がない。	26	21.0
イ	専門的な介入・カウンセリング技術・治療方法に自信がない。	55	44.4
ウ	PTSD 症状をどのように扱ってよいか分からない。	26	21.0
エ	刑事手続き（警察、検察、裁判所での手続き）のことがよく分からない。	33	26.6
オ	相談を受けている自所属機関の存在が、性暴力被害者本人にあまり知られていない。	9	7.3
カ	性暴力被害者支援に関する研修を受ける機会が少ない。	39	31.5
キ	性暴力被害者支援に関する専門家が少なく、連携するのに苦慮する。	38	30.6
ク	適当なスーパーヴァイザーが身近にいない。	40	32.3
ケ	性暴力被害の相談を受けると、自分自身が精神的負担を覚える。	23	18.5
コ	その他	16	12.9
未記入		30	24.2
計		335	

現職場でより充実した支援に必要なこと（複数回答可）		回答数	対124名の%
ア	設備（面接室等）	36	29.0
イ	人員	50	40.3
ウ	産婦人科医療機関との連携	60	48.4
エ	精神科医療機関との連携	66	53.2
オ	司法機関・警察との連携	73	58.9
カ	その他	15	12.1
キ	職員の研修会の受講	93	75.0
未記入		4	3.2
計		397	

職員研修会の内容（複数回答可）		回答数	対124名の%
①	トラウマ特異的な治療に関する研修	63	50.8
②	早期介入方法に関する研修会	68	54.8
③	法的知識に関する研修会	47	37.9
④	支援制度（犯罪被害者等給付金など）に関する研修会	49	39.5
⑤	その他	10	8.1
計		237	

表６-１　回答者全体のデータ

性別	人数	%
男	18	14.5
女	100	80.7
未記入	6	4.8
計	124	100

年齢	人数	%
20 代	32	25.8
30 代	37	29.8
40 代	26	21.0
50 代	17	13.7
60 代	7	5.7
70 代	4	3.2
未記入	1	0.8
計	124	100

職種 （複数回答可）	回答数	対 124 名の％
精神科医	1	0.8
心理士	97	78.2
大学院生	19	15.3
その他	7	5.6
未記入	4	3.2
計	128	

職場 （複数回答可）	回答数	対 124 名の％
クリニック	14	11.3
病院	11	8.9
大学（教員）	10	8.1
大学（学生相談）	12	9.7
小・中・高等学校	22	17.7
児童相談所	13	10.5
精神保健福祉センター	2	1.6
司法機関	16	12.9
産業	2	1.6
民間被害者支援団体	3	2.4
個人開業	3	2.4
その他	28	22.6
未記入	20	16.1
計	156	

性暴力被害相談 経験数	人数	%
1 ～ 10 件	63	50.8
11 ～ 30 件	22	17.7
31 ～ 50 件	3	2.4
50 件以上	8	6.5
経験なし	27	21.8
未記入	1	0.8
計	124	100

は17名（13・7％）、60～70代も11名（8・9％）で、若手からベテランまで幅広い臨床家が参加されていたことが分かる。

職種としては、心理士が97名と約8割を占め、精神科医は1名、大学院生は19名であった。その他7名はケースワーカー、家裁調査官、教員等で、この中には心理士との兼職という方も含まれている。

勤務先は複数回答を可能としたので、多岐にわたる勤務先があげられた。最も多かったのは「小・中・高等学校」の22名で、ほとんどはスクールカウンセラーだと思われる。次いで多い順に、「司法機関」が16名、「クリニック」14名、「児童相談所」13名、「大学（学生相談）」12名、「病院」11名、「大学（教員）」10名と続き、「民間被害者支援団体」と「個人開業」が各3名、「精神保健福祉センター」と「産業」が各2名だった。「その他」の28名は複数回答で、「教育委員会、教育相談機関や特別支援教育センター等」7名、「警察」と「児童養護施設や自立支援センター等の児童福祉施設」は各4名、「男女共同参画機関・女性センター」と「社会福祉施設、女性関連施設」が各3名、「大学の心理臨床センター」、「市相談機関」、「福祉事務所」、「子ども家庭相談」、「電話相談」が各2名、「海外ＮＧＯ」1名といった方々であった。初期対応などで関わる警察や司法機関は言うに及ばず、これだけの職域で性暴力被害者に関わる可能性が高いということでもある。

「これまでに性暴力被害者の相談を受けた概ねの件数」を尋ねたところ、「1～10件」が63名（50・8％）と最も多く、次いで「11～30件」が22名（17・7％）だった。中には、「31～50件」が3名（2・4％）、「50件以上」の方は8名（6・5％）と、支援経験の豊富な回答者もいた。男性回答者も18名中14名は相談経験者である。「経験なし」の27名（21・8％）には大学院生が16名含まれているため、臨床経験者のほとんどの方が、件数の多少はあれども性暴力被害者支援の実体験に基づいて意見を記述してくれたといえるだろう。

B．相談を受ける際に感じる困難さ

前述の背景をもった方たちに、「性暴力被害者の相談を受ける際に困難に感じていること」に関して複数回答してもらったところ、一番回答者数が多かった項目は「専門的な介入・カウンセリング技術・治療方法に自信がない」で、回答者数は全体の約半数を占める55名（44・４％）であった。心理臨床家としてはベテランの方でも、〝性暴力被害〟のトラウマや各種症状への専門的な介入や治療となると戸惑うことが多いということだろう。これは、性暴力被害者支援に関心があり、約８割はその相談経験者という集団での数値なので、より広く心理臨床家に尋ねるとしたら、さらに割合は増えるかもしれない。

次いで多かったのは、「適当なスーパーヴァイザーが身近にいない」で40名（32・３％）、「性暴力被害者支援に関する研修を受ける機会が少ない」の39名（31・５％）であった。地域によっては一般的にスーパーヴァイザーを探すのが難しいと耳にすることがあるので、性暴力被害のケースについても相談できるスーパーヴィジョンや研修となると、身近なところでなかなか見つけにくいのだろうと思われる。

「性暴力被害者支援に関する専門家が少なく、連携するのに苦慮する」と答えたのは38名（30・６％）である。もし身近に連携先が見つからなければ、自分で引き受け続けるか、あるいは自分の職場でも諸事情で対応できなくなる場合もありうるということだろう。

「刑事手続き（警察、検察、裁判所での手続き）のことがよく分からない」を選択したのは33名（26・６％）である。心理臨床の教育課程でこれを学ぶ機会は少ないので詳細をよく知らないのはごく当然だが、回答者の３割弱という数字からは、むしろ理解している方が多い印象である。被害者支援をする中で知識を深めた方もいる

のだろう。以前私の所属する県臨床心理士会で、警察の犯罪被害者支援担当の臨床心理士と弁護士会の犯罪被害者支援委員会委員の弁護士を講師にお招きし、刑事司法手続きと被害者支援制度について講演をして戴いたところ、参加者からは新しい情報を得られて役立ったと好評であった。実際に、刑事司法手続きに被害者がどう関わるかを知っているだけでも、幾らか落ち着いて被害者に情報提供もできるので、心理臨床家もこうしたことを学ぶ機会があるとよいと思う。

「アセスメントに自信がない」と「ＰＴＳＤ症状をどのように扱ってよいか分からない」は各26名（21・０％）であった。アセスメントのポイントや、ＰＴＳＤ症状をどう扱うかは、最初にクライエントへの関わり方を検討する上で重要だが、本自主シンポジウムに参加された回答者の８割がこの点に困難さを感じないレベルなのは、トラウマやＰＴＳＤに関する基本的な知識が周知されてきているからかもしれない。

「性暴力被害の相談を受けると、自分自身が精神的負担を覚える」のは23名（18・５％）であり、これは精神的負担を適度に対処・解消している方が多いといえる数値だろう。しかし、性暴力被害という厳しい相談活動の中で、二次的外傷性ストレス等の精神的負担を感じる方が約２割いるというのも当たり前のことである。被害者への支援を継続的に行うためには、この支援者の精神的負担をいかに軽減するかというのも大事な課題である。

そして、「相談を受けている自所属機関の存在が、性暴力被害者本人にあまり知られていない」が、９名（７・３％）であった。この回答者の職場は大学学生相談や司法機関、女性関連施設等で、少数の回答ではあるものの、知られていないのはやはりもったいない気持ちがする。特に大学学生相談は大学生の日常生活の場にあるので、学生には学内に相談室があること、性暴力被害についても相談可能ということがより広く認知されれば、身近な地域資源を増やすことに繋がるだろう。

「その他」には、具体的に臨床活動で感じられる困難さが多数寄せられた。例えば、子どもや学校に関わる臨床家からは、「本人と家族の苦しみや大変さを中心に対応するというよりも管理職や教員が現実以上に事件に反応したり、他保護者や他生徒への影響を考えて、敢えて本人の被害や大変さに触れないようにすることがある」、「子どもの被害には学校教員の理解と協力が必要不可欠だが、生徒同士の加害被害では校内のみで対応され、スクールカウンセラーには時間が経ってから知らされる場合がある」など、関係者への関わり方の難しさが挙げられた。学校においては、教員に被害生徒の回復を望む思いや学校機能の安定性を維持したい思いが強いこともあり、被害生徒が登校しているから大丈夫と判断したり、生徒の状態が悪くなる怖れから被害を思い出させないようにまったく話題にしないといった配慮のしすぎも起こりやすいといえるだろう。こうした背景には、管理職・教員が生徒の性暴力被害で衝撃を受けて心を痛めていたり、性暴力をどう扱えばいいのかよく分からない不安を抱えている場合もある。それ故に管理職・教員が無意識的にも回避や過覚醒の状態を呈することもあるため、支援者である管理職・教員への十分なサポートも必要になってくる。

被害当事者との関わりでいえば、「本人たちにこれ以上に相談したい気持ちはないようで、事実を打ち明けられても、口外して欲しくないとの依頼が多い時に戸惑う」こともあれば、「相談ニーズが低く、一見生活の適応もよい被害者にどうアプローチするか（家族や学校だけニーズがある場合）」という、当事者の状態をどう理解して対応するかという難しさも提示された。「人によってその性被害の重みは違うので、数年～数十年前の被害をいつ、どう扱うか」を悩んだり、臨床家自身が「異性の存在として、クライエントに与える影響」に躊躇することもある。これらは、性暴力被害者に関わる際、普遍的に臨床家が感じる難しさでもあろう。

「医師など男性スタッフの理解が甘い」など、支援対象者の性暴力被害について他職種に理解を求めることの難しさや、「人が足りない」、「費用対効果等から時間に制限がある」といった物理的な人員・時間不足も困難点に挙げられた。「卒業後も長期にわたる支援が行われるか」についてのスクールカウンセラーとしての気掛かりや、司法機関等での「短期間の関わり」での困難さ、「トラウマ治療に関する研修が必要と思われるが、新しいケースが次々とやってくる中で関わることは困難で、所内での治療には限界を感じる」というジレンマなど、職場の特性から致し方のない実情も窺える。

地域生活上の課題としては、「現実の生活支援が薄い（被害場所が自宅でも住み続けなくてはならない、受け皿がない）」ことや、地域機関との関係で「具体的にどういう時にどこに繋ぐかが見えない」、「地域の各関係機関がどの程度支援実績があり、対応可能なのかが把握できない」ことが挙げられた。また、法的措置を取る場合に、「クライエントへの影響や保護」を心配する声もあれば、「関係者にまったく「被害者心理」への理解がない中で被害者により深刻な負担がかかり、いつまでも「被害者」であることが終わらない苦痛を与える」という二次被害への指摘もあった。

性暴力被害者支援において、こうした多種多様な困難さがあることが明らかになったが、その上でどのようなことが現状改善に必要であり、役に立つのだろうか。

C．現職場でより充実した支援に必要なこと

「現職場（主な職場。学生は働く場合の主な職場を想定）において、より充実した性暴力被害者支援を行うために必要だと思われること」（複数回答）を尋ねたところ、「職員の研修会の受講」を選択した方が93名（75・0％）に上った。何より現職場で、自分自身や同僚が研修を積むことを望んでいる方が多いのである。その研修

の内訳としては、「早期介入方法に関する研修会」が68名（54・8％）、「トラウマ特異的な治療に関する研修会」が63名（50・8％）、「支援制度（犯罪被害者等給付金など）に関する研修会」が49名（39・5％）、「法的知識に関する研修会」が47名（37・9％）であった。「その他」に回答者が追加したものとして、教育現場で勤務する方からは、特に生徒の性暴力被害情報に触れやすい「教育委員会や校長会、教頭会、生徒指導、養護教諭などの集まりでの研修を」と受講対象を明確にした意見や、「基本的な啓発、職員の意識向上」、「予防的心理教育」、「教師に〝知人からの性暴力被害が多く存在する〟という事実を知ってもらうこと」といった意識の転換を促進するための研修内容が数々あげられた。また、「スクールカウンセラーが性暴力、性虐待を見逃さずキャッチできるための研修や、最初の面談で何をきけばよいかという研修」など、スクールカウンセラー自身の研修にもニーズがあるようだ。また、さまざまな職場の方から「性暴力を受けた子どもの親への支援、心理教育」や「二次受傷」、「産婦人科病院で働く心理士の役割」などをテーマにした研修が必要という意見もあった。

「職員研修会の受講」に続いて多かったのが「司法機関・警察との連携」の必要性で、73名（58・9％）であった。性暴力被害を受けたクライエントの事件後の心身の安全を確保するには、司法機関や警察との慎重で丁寧な連携は欠かせないものといえる。そして、「精神科医療機関との連携」については66名（53・2％）、「産婦人科医療機関との連携」が60名（48・4％）、「人員」が50名（40・3％）、「設備（面接室等）」が36名（29・0％）という回答であった。

「その他」としては、「カウンセリング費用の公費負担」や「フォローアップ支援」といった被害者本人へのサポートや、被害者へのバックアップとして「性暴力被害者の精神的症状への周囲の理解促進等、周囲への支援・心理教育」という周囲への働きかけ、「当事者グループや福祉機関（経済的支援、住居・避難可能な場の確保のため)」、「学校や犯罪被害者支援センター」などといった関係機関との連携強化の必要性が挙げられた。自分の職場で時間をかけて専門的な対応や治療をできない場合は、「支援機関の情報およびパンフレット」、さらには「性暴力被害者支援に関する専門家との連携。どこの医療機関・治療できる機関に繋げばいいのかといったリファー先の情報」が充実していれば、相談者に安心して情報提供できそうである。

一方で、「すべて外部機関への委託のため、組織として主体的に充実させようとは考えていない」という職場もあり、性被害相談の多い司法関係や病院関係者からも「組織・職場内や関係機関における、同僚や多職種との被害者心理・支援の共通理解（特に男性被害者への支援の必要性の認識）」がもっと必要であるという声もあった。職場全体で各職員が主体的に支援対象者に関わるような理想的な環境にするのは時間もエネルギーも必要だが、徐々にでも自分の仕事の応援団を増やしていくことも課題になるのかもしれない。

回答者の大多数が、現職場でより充実した支援を行うために各種の職員研修を求めているのは、自分たちが知識やスキルを修得して支援に活かし、職場での理解者・支援実践者を増やすためだといえるだろう。そして、被害者本人への直接的支援だけでなく、司法機関・警察をはじめとする各関係機関との実質的な連携も、被害者本人を支えるものとして必要だと回答者の半数が認識しており、関係機関との連携が促進されることが望まれる。

2. 回答者の属性別データからの分析

今回のアンケートのデータを、年代別、相談経験件数別、職場別と3つに分類してみたところ、次の通りになった。各対象の人数が均一ではないので、正確な比較分析ではないが、どのような傾向が見受けられるのかが参考になればいいと思う。

A．年代別（表6‑2‑1、6‑2‑2参照）

「20代」32名は大学院生12名を含むため、性暴力被害の相談未経験者は16名と半数を占めており、1～10件の相談経験者は13名（40・6％）であった。性暴力被害者相談の経験者のみが回答する「性暴力被害者の相談を受ける際に困難に感じていること」で、回答者全体に比べて「20代」のほとんどの項目の比率が低いのは、20代での相談経験者の少なさによるものだが、それでも「アセスメントに自信がない」は他年代より高い。そして、「現職場でより充実した支援を行うために必要と思うこと」に関しては、「トラウマ特異的な治療」や「法的知識」、「支援制度」等の「職員の研修会の受講」、「司法機関・警察との連携」や「産婦人科医療機関との連携」、「精神科医療機関との連携」に高い比率で必要性が感じられていた。「設備」も4割ではあるが、他年代よりも比率は高めである。これらは、20代の回答者が今後相談を受けていくにあたって望むものだと言えるだろう。

また、「30代」37名、「40代」26名、「50代」17名、「60～70代」11名のデータを見ると、全員が相談経験者で経験件数も多い40代でも、「刑事手続きがよく分からない」、「研修を受ける機会が少ない」、「性暴力被害者支援の専門家が少なく、連携に苦慮する」、「適当なスーパーヴァイザーが身近にいない」と感じる方が半数近くいて、回答者全体の比率よりも高い。50代は、「専門的介入・カウンセリング技術・治療方法に自信がない」、「PTSD症状をどう扱ってよいか分からない」という方が約半数で、自信に揺らぎがあるようだ。臨床的なキャリアの長い方たちでも、むしろ長いからこそだからか、困難さを切実に感じるのかもしれない。また、30～70代でも、高い比率で各種機関との連携や研修を求めていることも分かった。

表6-2-1　性暴力被害者の相談を受ける際に困難に感じていること（年代別、複数回答）

		回答者全体	20代	30代	40代	50代	60-70代
	n（人）	124（人）	32（人）	37（人）	26（人）	17（人）	11（人）
ア	アセスメントに自信がない。	26（人）(21.0%)	9 (28.1%)	7 (18.9%)	6 (23.1%)	4 (23.5%)	0 (0%)
イ	専門的な介入・カウンセリング技術・治療方法に自信がない。	55（人）(44.4%)	13 (40.6%)	21 (56.8%)	11 (42.3%)	9 (52.9%)	1 (9.1%)
ウ	PTSD症状をどのように扱って良いか分からない。	26（人）(21.0%)	6 (18.8%)	5 (13.5%)	6 (23.1%)	8 (47.1%)	1 (9.1%)
エ	刑事手続き（警察、検察、裁判所での手続き）のことがよく分からない。	33(人)(26.6%)	5 (15.6%)	8 (21.6%)	11 (42.3%)	7 (41.2%)	2 (18.2%)
オ	相談を受けている自所属機関の存在が、性暴力被害者本人にあまり知られていない。	9（人）(7.3%)	2 (6.3%)	3 (8.1%)	2 (7.7%)	1 (5.9%)	1 (9.1%)
カ	性暴力被害者支援に関する研修を受ける機会が少ない。	39（人）(31.5%)	8 (25.0%)	10 (27.0%)	12 (46.2%)	5 (29.4%)	4 (36.4%)
キ	性暴力被害者支援に関する専門家が少なく、連携するのに苦慮する。	38（人）(30.6%)	6 (18.8%)	15 (40.5%)	11 (42.3%)	3 (17.6%)	3 (27.3%)
ク	適当なスーパーヴァイザーが身近にいない。	40（人）(32.3%)	7 (21.9%)	16 (43.2%)	11 (42.3%)	4 (23.5%)	2 (18.2%)
ケ	性暴力被害の相談を受けると、自分自身が精神的負担を覚える。	23（人）(18.5%)	4 (12.5%)	7 (18.9%)	5 (19.2%)	3 (17.6%)	4 (36.4%)
コ	その他	16（人）(12.9%)	1 (3.1%)	6 (16.2%)	3 (11.5%)	5 (29.4%)	1 (9.1%)

表6-2-2　現職場でより充実した性暴力被害者支援に必要だと思われること（年代別、複数回答）

		回答者全体	20代	30代	40代	50代	60-70代
	n（人）	124（人）	32（人）	37（人）	26（人）	17（人）	11（人）
ア	設備（面接室等）	36（人）(29.0%)	13 (40.6%)	7 (18.9%)	7 (26.9%)	5 (29.4%)	4 (36.4%)
イ	人員	50（人）(40.3%)	11 (34.4%)	18 (48.6%)	10 (38.5%)	8 (47.1%)	3 (27.3%)
ウ	産婦人科医療機関との連携	60（人）(48.4%)	17 (53.1%)	15 (40.5%)	15 (57.7%)	7 (41.2%)	6 (54.5%)
エ	精神科医療機関との連携	66（人）(53.2%)	17 (53.1%)	23 (62.2%)	16 (61.5%)	7 (41.2%)	3 (27.3%)
オ	司法機関・警察との連携	73（人）(58.9%)	21 (65.6%)	21 (56.8%)	17 (65.4%)	9 (52.9%)	5 (45.5%)
カ	その他	15（人）(12.1%)	4 (12.5%)	5 (13.5%)	1 (3.8%)	3 (17.6%)	2 (18.2%)
キ	職員の研修会の受講	93（人）(75.0%)	26 (81.3%)	30 (81.1%)	17 (65.4%)	11 (64.7%)	9 (81.8%)
①	トラウマ特異的な治療に関する研修会	63（人）(50.8%)	20 (62.5%)	16 (43.2%)	14 (53.8%)	8 (47.1%)	5 (45.5%)
②	早期介入方法に関する研修会	68（人）(54.8%)	16 (50.0%)	25 (67.6%)	15 (57.7%)	7 (41.2%)	5 (45.5%)
③	法的知識に関する研修会	47（人）(37.9%)	15 (46.9%)	15 (40.5%)	9 (34.6%)	2 (11.8%)	6 (54.5%)
④	支援制度（犯罪被害者等給付金など）に関する研修会	49（人）(39.5%)	18 (56.3%)	14 (37.8%)	7 (26.9%)	4 (23.5%)	6 (54.5%)
⑤	その他	10（人）(8.1%)	2 (6.3%)	3 (8.1%)	0 (0%)	3 (17.6%)	2 (18.2%)

B．相談経験件数別（表6-3-1、6-3-2参照）

「これまで性暴力被害者の相談を受けた概数」別でみると、「経験ない」方は今後の相談活動を想像しつつ、「現職場でより充実した支援を行うために必要と思うこと」に「司法機関・警察との連携」や各種の「職員研修会」をあげており、これは前述の20代のデータと比較的類似している。

一方、「31～50件」と相談経験数が多い方であっても、「アセスメント」、「PTSD症状の扱い」には困難さがないにせよ、「1～10件」、「11～30件」の経験者と同等に「専門的介入・カウンセリング技術・治療方法に自信がない」と約6割の方が感じ、「適当なスーパーヴァイザーが身近にいない」ことも「11～30件」の方と同じく約6割の方が困難に感じている。さらに目を引くのが、「51件以上の経験者」で「性暴力被害者支援に関する専門家が少なく、連携に苦慮する」という方が7・5割いるということだ。「警察」や「司法機関」勤務の方にこの回答が多かったので、他に困り感はないくらいに回答者本人がこの分野の専門家だが、職場の特性上長期の支援が困難で連携先を求めるものの、地域の社会資源や被害者の抱える事情などで連携が難しいということだろうか。支援対象の被害者が多いので、他の専門家に紹介したいが、連携先が少なくて困っている状況とも窺える。それ故、相談経験の多い方ほど、物理的に自他の職場の「人員」不足を解消して専門家が増えることや、「精神科医療機関」や「産婦人科医療機関」等との実践的な連携が必要だと考えるのだろう。

C．職場別（表6-4-1、6-4-2参照）

職場も複数回答であったので純粋な職場単位の数値ではないが、常勤の方も含まれているので、その職場の特

表6-3-1　性暴力被害者の相談を受ける際に困難に感じていること（相談経験件数別、複数回答）

		回答者全体	経験なし	1～10件	11～30件	31～50件	51件以上
	n（人）	124（人）	27（人）	63（人）	22（人）	3（人）	8（人）
ア	アセスメントに自信がない。	26（人） (21.0%)	0 (0%)	18 (28.6%)	7 (31.8%)	0 (0%)	1 (12.5%)
イ	専門的な介入・カウンセリング技術・治療方法に自信がない。	55（人） (44.4%)	0 (0%)	39 (61.9%)	13 (59.1%)	2 (66.7%)	1 (12.5%)
ウ	PTSD症状をどのように扱って良いか分からない。	26（人） (21.0%)	0 (0%)	20 (31.7%)	5 (22.7%)	0 (0%)	0 (0%)
エ	刑事手続き（警察、検察、裁判所での手続き）のことがよく分からない。	33(人) (26.6%)	0 (0%)	24 (38.1%)	6 (27.3%)	3 (100%)	0 (0%)
オ	相談を受けている自所属機関の存在が、性暴力被害者本人にあまり知られていない。	9（人） (7.3%)	0 (0%)	5 (7.9%)	2 (9.1%)	1 (33.3%)	1 (12.5%)
カ	性暴力被害者支援に関する研修を受ける機会が少ない。	39（人） (31.5%)	0 (0%)	32 (50.8%)	5 (22.7%)	1 (33.3%)	1 (12.5%)
キ	性暴力被害者支援に関する専門家が少なく、連携するのに苦慮する。	38（人） (30.6%)	0 (0%)	22 (34.9%)	9 (40.9%)	1 (33.3%)	6 (75.0%)
ク	適当なスーパーヴァイザーが身近にいない。	40（人） (32.3%)	0 (0%)	22 (34.9%)	13 (59.1%)	2 (66.7%)	2 (25.0%)
ケ	性暴力被害の相談を受けると、自分自身が精神的負担を覚える。	23（人） (18.5%)	0 (0%)	16 (25.4%)	5 (22.7%)	1 (33.3%)	1 (12.5%)
コ	その他	16（人） (12.9%)	0 (0%)	8 (12.7%)	5 (22.7%)	1 (33.3%)	2 (25.0%)

表6-3-2　現職場でより充実した性暴力被害者支援に必要だと思われること（相談経験件数別、複数回答）

		回答者全体	経験なし	1～10件	11～30件	31～50件	51件以上
	n（人）	124（人）	27（人）	63（人）	22（人）	3（人）	8（人）
ア	設備（面接室等）	36（人） (29.0%)	10 (37.0%)	10 (15.9%)	10 (45.5%)	3 (100%)	3 (37.5%)
イ	人員	50（人） (40.3%)	9 (33.3%)	22 (34.9%)	10 (45.5%)	3 (100%)	6 (75.0%)
ウ	産婦人科医療機関との連携	60（人） (48.4%)	16 (59.3%)	28 (44.4%)	10 (45.5%)	2 (66.7%)	4 (50.0%)
エ	精神科医療機関との連携	66（人） (53.2%)	15 (55.6%)	27 (42.9%)	15 (68.2%)	2 (66.7%)	7 (87.5%)
オ	司法機関・警察との連携	73（人） (58.9%)	21 (77.8%)	38 (60.3%)	10 (45.5%)	1 (33.3%)	3 (37.5%)
カ	その他	15（人） (12.1%)	4 (14.8%)	6 (9.5%)	4 (18.2%)	1 (33.3%)	0 (0%)
キ	職員の研修会の受講	93（人） (75.0%)	20 (74.1%)	47 (74.6%)	18 (81.8%)	2 (66.7%)	5 (62.5%)
①	トラウマ特異的な治療に関する研修会	63（人） (50.8%)	16 (59.3%)	29 (46.0%)	13 (59.1%)	1 (33.3%)	4 (50.0%)
②	早期介入方法に関する研修会	68（人） (54.8%)	15 (55.6%)	33 (52.4%)	14 (63.6%)	2 (66.7%)	3 (37.5%)
③	法的知識に関する研修会	47（人） (37.9%)	15 (55.6%)	22 (34.9%)	7 (31.8%)	2 (66.7%)	1 (12.5%)
④	支援制度（犯罪被害者等給付金など）に関する研修会	49（人） (39.5%)	16 (59.3%)	22 (34.9%)	8 (36.3%)	2 (66.7%)	1 (12.5%)
⑤	その他	10（人） (8.1%)	1 (3.7%)	6 (9.5%)	2 (9.1%)	0 (0%)	1 (12.5%)

徴をみてもらえればと思う。「警察」と「民間被害者支援団体」の方は少人数だが、性暴力被害者支援の分野への直接関与が高い方たちなので、傾向が見えやすいように敢えて他の職場に纏めずに表示している。

「性暴力被害者の相談を受ける際に困難に感じていること」においては、全員相談経験者である「病院」勤務者に「専門的介入」をはじめ各項目で困難さを感じている方が多いようだ。同じく医療機関である「クリニック」勤務の方と比べても困難さが高い理由はデータ不足でよく分からないが、ただ「現職場でより充実した支援を行うために必要と思うこと」はほぼ同じで、各種の「職員の研修」や「司法機関・警察との連携」へのニーズは強い。

「児童相談所」の方も困難なケースに出遭うことが多いためか、「専門的介入・カウンセリング技術・治療方法に自信がない」ことや「スーパーヴァイザーが身近にいない」ことに難しさを感じて、トラウマ特異的な治療などの「職員研修」を13名全員が必要だと回答するに至っているのだろう。

「教育相談」や「小・中・高校」の方は、「早期介入方法に関する研修会」が必要と選択した方が7割から8割と多いが、子どもの性暴力被害発見時に教職員や保護者と協働して適切に支援活動をしたいという思いがあるからだと想像する。

「警察」の方は少人数ながら全員が「人員」や「設備」を必要なものと認識している。人手不足は前述の通りだが、警察署にはカウンセリングをするのに適した部屋がない場合もあると聞くので、その面接室確保の求めなのだろう。被害者が安心安全を感じられることは被害者支援においては大事なものである。

他にも数々関心が湧く箇所があるが、ともあれ、職場ごとに特徴があったり、あるいは幾つかの職場に共通する困難さや支援に必要なものがあることは確かなようである。

表6-4-1　性暴力被害者の相談を受ける際に困難に感じていること（職場別、複数回答）

		回答者全体	クリニック	病院	大学（教員）	大学（学生相談）	小・中・高校	教育相談	児童相談所	福祉関係施設	各種相談機関	司法機関	警察	民間被害者支援団体
	n（人）	124（人）	14（人）	11（人）	10（人）	12（人）	22（人）	7（人）	13（人）	7（人）	12（人）	16（人）	4（人）	3（人）
ア	アセスメントに自信がない。	26（人）(21.0%)	1 (7.1%)	5 (45.4%)	0 (0%)	2 (16.7%)	7 (31.8%)	1 (14.3%)	5 (38.5%)	1 (14.3%)	3 (25.0%)	3 (18.8%)	2 (50.0%)	0 (0%)
イ	専門的な介入・カウンセリング技術・治療方法に自信がない。	55（人）(44.4%)	4 (28.6%)	8 (72.7%)	2 (20.0%)	6 (50.0%)	10 (45.5%)	2 (28.6%)	10 (76.9%)	3 (42.9%)	7 (58.3%)	6 (37.5%)	4 (100%)	1 (33.3%)
ウ	PTSD症状をどのように扱ってよいか分からない。	26（人）(21.0%)	6 (42.9%)	6 (54.5%)	1 (10.0%)	4 (33.3%)	7 (31.8%)	0 (0%)	3 (23.1%)	1 (14.3%)	3 (25.0%)	1 (6.2%)	2 (50.0%)	1 (33.3%)
エ	刑事手続き（警察、検察、裁判所での手続き）のことがよく分からない。	33(人) (26.6%)	3 (21.4%)	6 (54.5%)	4 (40.0%)	7 (58.3%)	6 (27.3%)	3 (42.9%)	3 (23.1%)	4 (57.1%)	3 (25.0%)	2 (12.5%)	1 (25.0%)	0 (0%)
オ	相談を受けている自所属機関の存在が、性暴力被害者本人にあまり知られていない。	9（人）(7.3%)	0 (0%)	0 (0%)	1 (10.0%)	3 (25.0%)	3 (13.6%)	0 (0%)	0 (0%)	1 (14.3%)	1 (8.3%)	3 (18.8%)	0 (0%)	0 (0%)
カ	性暴力被害者支援に関する研修を受ける機会が少ない。	39（人）(31.5%)	3 (21.4%)	7 (63.6%)	1 (10.0%)	5 (41.7%)	12 (54.5%)	3 (42.9%)	6 (46.2%)	5 (71.4%)	4 (33.3%)	1 (6.2%)	1 (25.0%)	0 (0%)
キ	性暴力被害者支援に関する専門家が少なく、連携するのに苦慮する。	38（人）(30.6%)	1 (7.1%)	6 (54.5%)	1 (10.0%)	4 (33.3%)	5 (22.7%)	2 (28.6%)	5 (38.5%)	3 (42.9%)	3 (25.0%)	10 (62.5%)	1 (25.0%)	0 (0%)
ク	適当なスーパーヴァイザーが身近にいない。	40（人）(32.3%)	3 (21.4%)	4 (36.4%)	0 (0%)	5 (41.7%)	7 (31.8%)	2 (28.6%)	8 (61.5%)	3 (42.9%)	5 (41.7%)	5 (31.3%)	2 (50.0%)	0 (0%)
ケ	性暴力被害の相談を受けると、自分自身が精神的負担を覚える。	23（人）(18.5%)	2 (14.3%)	3 (27.3%)	2 (20.0%)	2 (16.7%)	6 (27.3%)	1 (14.3%)	3 (23.1%)	2 (28.6%)	4 (33.3%)	3 (18.8%)	0 (0%)	1 (33.3%)
コ	その他	16（人）(12.9%)	1 (7.1%)	4 (36.4%)	2 (20.0%)	2 (16.7%)	3 (13.6%)	3 (42.9%)	0 (0%)	0 (0%)	1 (8.3%)	3 (18.8%)	1 (25.0%)	0 (0%)

表6-4-2　現職場でより充実した性暴力被害者支援に必要だと思われること（職場別、複数回答）

		回答者全体	クリニック	病院	大学（教員）	大学（学生相談）	小・中・高校	教育相談	児童相談所	福祉関係施設	各種相談機関	司法機関	警察	民間被害者支援団体
	n（人）	124（人）	14（人）	11（人）	10（人）	12（人）	22（人）	7（人）	13（人）	7（人）	12（人）	16（人）	4（人）	3（人）
ア	設備（面接室等）	36（人） (29.0%)	3 (21.4%)	1 (9.1%)	3 (30.0%)	1 (8.3%)	6 (27.3%)	2 (28.6%)	3 (23.1%)	2 (28.6%)	2 (16.7%)	6 (37.5%)	4 (100%)	2 (66.7%)
イ	人員	50（人） (40.3%)	4 (28.6%)	4 (36.4%)	3 (30.0%)	3 (25.0%)	8 (36.4%)	6 (85.7%)	5 (38.5%)	3 (42.9%)	4 (33.3%)	9 (56.3%)	4 (100%)	2 (66.7%)
ウ	産婦人科医療機関との連携	60（人） (48.4%)	7 (50.0%)	5 (45.5%)	4 (40.0%)	10 (83.3%)	9 (40.9%)	4 (57.1%)	6 (46.2%)	5 (71.4%)	5 (41.7%)	5 (31.3%)	2 (50.0%)	1 (33.3%)
エ	精神科医療機関との連携	66（人） (53.2%)	6 (42.9%)	3 (27.3%)	4 (40.0%)	5 (41.7%)	10 (45.5%)	5 (71.4%)	7 (53.8%)	4 (57.1%)	5 (41.7%)	13 (81.3%)	4 (100%)	1 (33.3%)
オ	司法機関・警察との連携	73（人） (58.9%)	11 (78.6%)	8 (72.7%)	5 (50.0%)	9 (75.0%)	13 (59.1%)	5 (71.4%)	7 (53.8%)	7 (100%)	4 (33.3%)	6 (37.5%)	2 (50.0%)	0 (0%)
カ	その他	15（人） (12.1%)	2 (14.3%)	1 (9.1%)	1 (10.0%)	1 (8.3%)	3 (13.6%)	2 (28.6%)	4 (30.8%)	2 (28.6%)	2 (16.7%)	1 (6.2%)	0 (0%)	1 (33.3%)
キ	職員の研修会の受講	93（人） (75.0%)	11 (78.6%)	9 (81.8%)	5 (50.0%)	8 (66.7%)	18 (81.8%)	6 (85.7%)	13 (100%)	6 (85.7%)	11 (91.7%)	11 (68.8%)	2 (50.0%)	2 (66.7%)
①	トラウマ特異的な治療に関する研修会	63（人） (50.8%)	8 (57.1%)	7 (63.6%)	2 (20.0%)	6 (50.0%)	7 (31.8%)	2 (28.6%)	10 (76.9%)	3 (42.9%)	8 (66.7%)	6 (37.5%)	2 (50.0%)	2 (66.7%)
②	早期介入方法に関する研修会	68（人） (54.8%)	8 (57.1%)	7 (63.6%)	3 (30.0%)	6 (50.0%)	15 (68.2%)	6 (85.7%)	8 (61.5%)	3 (42.9%)	6 (50.0%)	9 (56.3%)	2 (50.0%)	1 (33.3%)
③	法的知識に関する研修会	47（人） (37.9%)	6 (42.9%)	3 (27.3%)	4 (40.0%)	6 (50.0%)	8 (36.4%)	2 (28.6%)	8 (61.5%)	4 (57.1%)	5 (41.7%)	1 (6.2%)	1 (25.0%)	1 (33.3%)
④	支援制度（犯罪被害者等給付金など）に関する研修会	49（人） (39.5%)	6 (42.9%)	6 (54.5%)	4 (40.0%)	5 (41.7%)	11 (50.0%)	4 (57.1%)	6 (46.2%)	4 (57.1%)	7 (58.3%)	3 (18.8%)	0 (0%)	0 (0%)
⑤	その他	10（人） (8.1%)	0 (0%)	2 (18.2%)	1 (10.0%)	0 (0%)	4 (18.2%)	2 (28.6%)	1 (7.7%)	1 (14.3%)	1 (8.3%)	1 (6.2%)	0 (0%)	0 (0%)

第3節　回答者の自由記述より

今回の自主シンポジウムでは「心理教育やリラクゼーション、トラウマに特化した心理療法など、トラウマ・性暴力被害の支援に特異的な面だけでなく、被害がきっかけとなって新たにみえてくる被害者がもともと抱えていた人間関係や価値観等の問題を扱うことにもなると分かった」というように、参加者にとって何らかの発見に繋がったという感想が多かったのは嬉しいことである。

「性暴力被害者支援、自主シンポジウム等について感じられたこと」に関する自由記述には多くの回答者が、日々の悩める思いや今後の臨床活動への課題や意欲も寄せて下さった。もちろん、自由記述については、回答者それぞれの臨床場面でのご体験で記述くださっているので、普遍的なこともあれば、個別性があることも前提に、幾つかのテーマで纏めてみたい。

1．各々の職場での思い

スクールカウンセラーや教育相談勤務者は、「教育現場で出会う性暴力被害の子たちが最近多く、どのように対応したらよいのかと悩むことが多かった」、「未成年の性暴力被害者が知的にも家庭的にも弱者であると、利用された、被害に遭ったという自覚がなく、相手も未成年の場合は犯罪性もグレーで、もどかしく思うことがある」などと、生徒への気掛りが強かった。また、「被害発覚もしくは開示後の対応が学校管理職や教員に任されることが多く、適切な支援に結びつかないことがある」一方で、「管理職も教員も「自分たちには経験も知識もないので、すべてお任せ」という姿勢で、孤立感を感じたことがある」という体験をした方もいた。第2節で述べたように、こうしたことは多少なりとも教育現場で起こることだが、今後に向けて何ができるのだろうか。まずは「学校や教育相談機関で働く人を対象にした研修会等をもっと充実」させて、関係者が各々の責任で被害児童・生徒に関われるように、心理臨床家が働きかけていくことは必要だろう。

児童相談所の方からは「性虐待の問題に関わることが多いが、性虐待と性非行、本人自身の問題などさまざまな問題が混ざり合っていて、発見・対応・治療もケースバイケースで非常に難しい」、「子どもの性被害・性虐待は、当事者が声をあげられず、さまざまな行動・症状でSOSを出しても大人（保護者）に気付かれない、あるいは隠される、親子の縁を切られてしまう等、ケースとして上がってきても対応に難渋する」といった報告もあった。「きょうだい間の性加害・被害は発覚が難しく、支援に繋がりにくい。保育園や学校で被害児が開示していても通告に繋がらず、親まかせになる例が多い印象。学校など子どもたちが日常的にいる場の大人たちへの啓発が非常に大事」であり、「心理的な支援のみを議論しても足りないので、ケースワーク・他機関との連携も含めてバランスよく当事者を支える方法を考えたい」という提案は、現実的な方策だと思う。

加えて、性暴力加害者に関わる方たちも、性暴力加害者にどう支援を行うかについての情報が少なく、「鑑別所には、加害者側にもたくさん被害体験を持つ少年が男女問わずいて、被害が加害を生んでいる非常に難しい問題」だと提起され、「過去の被害体験が加害行為の誘因になっているケースに何度も出会い、表面化しにくい性暴力加害者へのケアの重要性を強く感じる」と語っている。こうした性暴力加害者への治療的関わりの充実も、今後の課題である。

2. 性の問題

性暴力被害に関わる際に、「性」のテーマに臨床家自身も直面することは避けられないが、アンケートでもさまざまな反応が見られた。「「性」というだけで、自信がなく拒否するスクールカウンセラーも多い」、「性の問題を語る際に、男性がジェンダー的なところに反応することに違和感がある」という指摘もあった。また、シンポジウムでも〝男性にも性暴力被害者がいるが、男性被害者への支援が取りこぼされている〟ことが話題になり、「男性の被害者への対応や支援は必ず必要であると感じた」、「男性セラピストの関わりが難しい分野だと思っていたが、どう関わっていけるのか考えたい」という感想も出された。確かに心理臨床家でも「性」の話題を扱いにくいと感じる人は、少なからずいるようだ。安全な場で率直に「性」を他者と語りあう体験があるとよいだろうとは思うが、その前に改めて自分のセクシャリティとしての「性」と向き合うことが必要なのかもしれない。

3. 性暴力被害者の暗数

相談にまで繋がらない性暴力被害者の「暗数の大きさを考えると、支援の潜在的需要は巨大」という回答者の感想も、大げさではないだろう。児童相談所や、日常場面で子どものサインを見取りやすい学校勤務者からは「支援に繋がることの難しさを感じた」、「スクールカウンセラーなどでは掘り下げると性虐待があるかもしれない」、「表にあがっていないケースも多いという視点を持って、業務にあたりたい」、「暗数への対応としてスクールカウンセラーへの啓発は必須と感じる」といった意見や、「学生相談できょうだい間の性的被害事例に出会うことが時々あるが、きょうだいからの暴力はＤＶや虐待には定義されないと聞いたことがあり、そういう事例も〝暗数〟の中に含まれるのではないか」という指摘もあった。「取組みの難しい暗数の問題に対して、必要な自ら報告しやすい場所、行きやすい場所作り」が少しでも被害者の助けになればいい。各地でのワンストップセンターの設置はその場所作りの一環であろう。

４．地域性の問題

今回の自主シンポジウムで、暗数に加えて「地域性の問題が話し合われたことがよかった」という感想も多く寄せられた。今回は被害者支援都民センターの支援活動が紹介されたので、東京の方は「教育現場で出会う子どもたちへのサポートのために、都民センターの方々とも連携していけたらよいと感じた」、「東京も都民センターだけで足りているとは思えないが、実際に性虐待児童や性的ＤＶの被害者などにはかなりお会いしており、ニーズもあるので、うまくシステムができるといい」といった感想であった。一方で、「東京都での取り組みは充実しているので、地方にもぜひその取り組みが広がっていくとよいと思う」、「地方で何ができるか考えたい」という思いを記されている方がいたが、地方で性暴力被害者への支援活動を広げるためにはさまざまなハードルがあるという実情も話題になった。例えば、専門職の人数自体が少ない、社会的資源が少ない、経済的・財源的にも厳しいだけでなく、「地方ではそもそも相談することが地域での孤立に繋がると怖れる風潮がある。子どもの相談を親が拒絶して専門機関に繋がらないことが多々あり、小中学校からの教育や、学校の養護教諭等の心理職に限らない専門家への啓発が必要」といった課題がある。これらは相談活動全般の積年の課題でもあると思うが、各地の実情に合わせた課題克服がこの性暴力被害者支援の分野においても求められている。

5．システム作り

では、個々の組織内や多機関連携のシステム、社会制度などの視点でみてみると、どうだろうか。

まず、「性暴力被害者がなかなか声を出しにくく支援に結びつきにくい現状だが、長く安く続けられるような行政サービスでのカウンセリング費用無料制度などは一つのサポートの広がりになる」と、カウンセリング費用の公費負担制度には参加者の関心が高かった。警察によるカウンセリング制度に関していえば、警察部内カウンセラー、また、警察から委嘱された部外カウンセラーによるカウンセリングのほか、一部の都県警察では委嘱の有無にかかわらず、犯罪被害者が、精神科医、臨床心理士等に受診や相談をした際に要した実費額を、警察において一定額を限度に支払うカウンセリング費用の公費負担制度が設けられている（犯罪被害者の精神的被害の回復に資する施策に関する研究会 2015）。しかし、少なくとも警察に支援を求める必要があるので、性暴力被害者にとってハードルが高いことは否めない。将来的な展望も確認しつつ、心理臨床家として、自分の地域で今現在どのような公的支援があるのかを知っておくことは大事だろう。

組織作りの点では、地方では財源の確保に困難な場合があったり、「熱心な方が懸命に組織作りをしても、その勢いが後任によっては続かない残念な状況がある」という例のように、性暴力被害者支援が個人の力量や裁量に左右されることもあるようだ。加えて、警察においては性暴力被害者への事情聴取等に適切に配慮するよう対策がとられてきているが、「被害者が加害者を告発する際に事情聴取を繰り返し行うなど、時にはセカンドレイプに近いと感じられる対応があった」という指摘も今回見受けられた。被害者に二次被害を与える可能性があるのは警察だけに限らないので、どの関係機関でも、より配慮をもって被害者に対応するような意識向上は求められる。

だが、関係機関の連携の面では、「性暴力はなかなか表出されにくいが、性被害による精神的症状は重いように感じる。男女共同参画センターでは夫婦間、恋人間のＤＶが中心だが、ＤＶだけでなく性暴力被害者支援に積極的に取り組むことが必要だと考える」、「今回、特に初期（警察・司法に関わる場合）に役割分担できる人が連携していると分かり、地元で活用できるネットワーク、支援をキープしておく必要性を感じる」、「被害を直接的に扱う部門では被害についてしか扱えないことがあるという話だったので、性暴力被害者の〝被害やその後の心身の不調〟ではない部分の相談を扱う場合に配慮すべき点をうまくシェアリングできればよいと思う」といった視点があげられた。民間被害者支援団体の方は「性暴力被害者支援の領域は特に自分の職場への期待が大きく、状況に応じて、できることのモデルを幾つか作ることも大事」と書かれた。民間被害者支援団体は、連携システムの中心にもなることができるかもしれない。そして、これまであまり関わりのなかった分野の機関が性暴力被害にも今まで以上に関心をもってくれて、各地域にある既存の組織を連携させ活用するシステムが検討できると、支援の裾野が広がるだろう。

6．ワンストップセンター

地域の性暴力被害者支援の中核となるだろうワンストップセンターの詳細は他章に譲るが、今回のアンケートには「ワンストップセンターが全国にでき、連絡会ができるといい」という期待の声もあった。一方、「自分の地域のワンストップセンターには心理士がおらず、被害者支援相談室の相談員もボランティアの方。費用面からか、なかなか臨床心理士が絡めない」というように、既存のセンターでも実情はそれぞれ違うようだ。「ワンストップセンターができても、事情聴取で数度被害体験を訊かれること等に対しては、制度を整える必要性はある」との指摘も、今後のワンストップセンターの新設や充実に反映されるといいと思う。

7．臨床家自身の研鑽

この自主シンポジウムでは、「性暴力事件の相談を何回か経験して、心理士の研鑽の必要性を感じる」、「相談を受ける側が相談者の主訴にかかわらず、アンテナを働かせ、日常の臨床の中でサポートできる力を養いたい」という声も多く、参加者にも〝性暴力被害者支援には誰しもが関わるもの〟という共通認識が得られたように感じる。中には「『心理療法をする』のが周知のことという感じだったが、実際やっていると、とてもとてもそんなに簡単ではない印象」といった率直な意見も数件あった。これも、性暴力被害者の方と懸命に向き合われているからこその思いだろうと伝わってくる。もちろん相談者のニーズや状態・状況によって、心理的ケアやサポート、情報提供や心理教育で相談者に関わる場合も多く、暗数の項にもあったように被害届を出さない、相談にも繫がらない当事者がたくさん存在するのも現実である。ただ、被害届を出しても出さなくても、関わりを持てるまでになれば、私たち心理臨床家はどのようなサポートを求められていて、何を当事者に提供できるかを考えるものであるし、その延長線上でより治療的な心理療法を求められるならば、対応する準備を整えておけるといいのではないだろうか。

その準備として「トラウマに特化した認知療法」などの心理療法の他にも、「さらに詳しい長期的支援」、「早期介入ができず、数年経ってからカウンセリングに来談される方への心理支援」、「リファー先がない、経済的に継続通院が困難、被害以外の課題を複数抱えている等、支援がうまくいかない場合の事例とその対応」、「被害者相談へのモチベーションを保つ方法やその例」、「心理士の精神的負担をどう扱うか」などを学びたいとの希望が多数あった。「職場のめぐり合わせなどがないと体験知が少なく、必要と分かっていてもこの分野のスキルアップは難しい。本だけでは学べないと思う」という方にも、実践的なワークショップで多少なりとも実感の伴う研修があるといいかもしれない。こうした回答者の意見が、今後の支援者研修に活かされることが望まれる。

第4節　まとめ

今回アンケート結果を纏めてみて、回答者の約半数が、性暴力被害者の相談を受けるにあたり「専門的介入や治療方法に自信がない」と感じ、約3割が「スーパーヴィジョンや研修を受ける機会が少ない」、「地域に連携先が少ない」ことで困難さを感じていると明らかとなった。これは、相談経験数が少ない回答者だけでなく、相談経験数が多い回答者においても同様である。しかし、子どもを含めた被害者との関わり方に、職場や関係機関の中で理解や連携を得られにくい状況に、さらには人員的・時間的な制約や経済的事情などに苦慮しながらも、回答者である心理臨床家が打開策を模索しようとしていることも分かった。

また、現職場でのより充実した性暴力被害者支援に必要なものとして、各種の「職員の研修会」を回答者の7.5割が選択し、約6割が「司法機関・警察との連携」を挙げた。その他、被害者本人への支援制度の充実や周囲の理解、職場内での被害者支援への共通理解や関係機関との連携強化なども求められている。

そして、今回のシンポジウムでも話題になった、「性」の捉え方、男児・男性性暴力被害者の存在の認識、地域性の問題、性暴力被害者の暗数についての課題、ワンストップセンターも含めて機能する地域の支援システム構築の課題や臨床家自身の研鑽やサポートについての要望など、回答者から挙げられた多数の意見は、今後支援の充実に向けた課題を検討していく際に大変参考になるものである。

章を閉じるにあたり、アンケートにご協力くださった参加者の皆様に改めて感謝したい。

〔引用文献〕

犯罪被害者の精神的被害の回復に資する施策に関する研究会（2015）.『犯罪被害者の精神的被害の回復に資する施策に関する報告書』 <https://www.npa.go.jp/higaisya/study/kaifuku/houkoku/shien-report.pdf〉

第7章 性暴力被害者支援の歴史と展望

小西聖子

第1節　性暴力被害者支援の歴史と現状

1．性暴力被害者支援のこれまで

性暴力被害は日常の中にあり、多くの人が経験する。しかもその被害の影響は深刻で、長い時間続き、被害者に社会的、身体的、心理的ダメージを与え続ける。被害者の支援を行っている者にはこのことは明白な事実であり、さまざまな研究の結果もそのことを示している。しかし、その認識が社会に共有されているとは言い難い。事件としての性犯罪のみにではなく、性暴力の被害や被害者に関心が寄せられるようになったのも、日本では最近のことである。平成27（2015）年末現在、性暴力被害者への支援が政策として推進され、法制審議会では、性犯罪についての刑法の改正が具体的に議論されている。内閣府は現在、性犯罪、性暴力被害者支援のために、各都道府県にワンストップセンターを設置し、各地域の女性センターで性暴力被害の相談を扱うことなどを推奨している。この流れの中に身を置いていると、社会における性暴力被害の認識は大きく変わったようにも思えるが、一方で、30年前と何も変わらない「レイプ神話（rape myth）」も相変わらず社会の多くの人に共有されている。

実際、内閣府男女共同参画局（2015b）による「性犯罪被害者等のための総合支援に関する実証的調査研究報告書」（平成26年度調査）の冒頭でも、「地方公共団体における性犯罪・性暴力被害者の支援に関する取組は、必ずしも進んでいるとは言えない状況にある。その理由としては、性犯罪被害に対応できる相談員がいない、関係機関との連携体制がない、相談員等を養成するためのノウハウがないことなどが挙げられる」と述べられている。また、ワンストップ支援センターの数も増えては来ているが限られている。平成27（２０１５）年末現在この開設数は25となり、今後も増加が期待されるが、開設されても24時間支援は出来ていないところも多い。知識は増え、掛け声はかかっても、欧米並みの性暴力被害ワンストップ支援センターの設置という支援の実践は、一朝一夕には進まない状況である。このような日本の現状はどうやって形作られてきたのだろうか。また性暴力被害者への支援の概念は国際的にはどのように進んできたのだろうか。

ここでは、性暴力被害者支援の歴史を簡単に振り返り、今後の展望について考察する。性暴力被害者支援は現在日本で進行中の課題であり、その評価などはこれからの問題である。不十分な情報で考察せざるを得ないことも多く、以下の内容には筆者の個人的意見が含まれていること、異論がある問題もあることをあらかじめ断っておきたい。

世界的に見れば性暴力被害者の支援が組織的に行われるようになったのは１９７０年代前半である。たかだか50年前まで、現在は先進と言われる国においても、性暴力被害者は法的にも、社会的にも、医学的にも、心理的にも無視され、誤解され、たいへん問題の多い状況に置かれていた。米国でも、法的にも１９６０年代までは、性犯罪の定義は非常に保守的なものであった（Gillespie & King, 2015）。すなわち、強制的に男性から妻以外の女性に対して行われた性交でなければならず、被害者本人の訴えが必要であった。警察は、狭い刑法の定義に合い、かつ自分の偏見に見合う「強姦」しか相手にせず、医療の場でも、産婦人科で多くの二次被害が生じていた。

このような状態が１９７０年代から徐々に変革されていくのであるが、性暴力被害者の状況が改善されるには、複数の領域での変化が必要であった。例えば性暴力や性犯罪の概念の変革、司法機関の制度の変革、医療領域における診療や機能の変革、専門家と社会一般の偏見の発見と啓蒙などである。これらの多様な変革の原動力となったのが、60年代から盛んになる第二波の女性運動である。

60年代からの女性運動の高まりを受けて、性暴力被害の真実を明らかにし、現状に異議申し立てをし、被害者を支援するさまざまな運動が起こった。１９７２年には、米国カリフォルニアやワシントンＤＣに強姦被害者支援の組織が立ち上げられている（Karmen, 2010）。英国やスウェーデンでも同時期に性暴力被害者への実際的な支援が始められている。これらはフェミニスト活動家や当事者の手によって運営されていた。70年代には多くのレイプクライシスセンターが作られた。１９７０年代末には米国には１０００を超えるレイプクライシスセンターがあったという。これらは、被害者支援の現場であるとともに、被害者の実情を発見する場でもあり、また社会への申し立てを行う社会運動の場でもあった。強姦神話（rape myth）という概念が作られるのもこのころである。

これらのセンターは、必然的にほかの機関との連携を行うようになっていった。医療との連携も常に必要となることであった。中には病院やその一部と連携して作られていたセンターもあった。米国において医療における二次被害への対処としてＳＡＮＥ（sexual assault nurse examiner）プログラムが最初に立ち上がったのは１９７６年である（Clevenger, 2015）。ＳＡＮＥプログラムは、性暴力被害者への対応、証拠採取に特化した教育を受けた司法専門看護師を育成するプログラムであり、米国やカナダで広まった。現在は日本でも民間でこのプログラムが実施され、学会も創られている。

80年代には、増加するこれらのセンターの多くはより実践的に、またより非政治的になっていった。性犯罪、性暴力にかかわる法律や制度が改正され、先進諸国の被害者支援活動は、女性活動家を中心としたものから、政策に取り込まれ、支援がより制度化され、専門化されるようになり、他の領域、特に司法、医療、福祉などの領域に深くかかわるようになった（Karmen, 2010）。24時間アクセス可能で、同行支援機能と産婦人科医療や警察、司法との関連を持つ総合的なレイプワンストップセンターの原型は70年代から80年代にかけて作られてきたと言えよう。

このような実践活動を踏まえて、70年代からの活動の中で被害者の心理やその支援に関する研究も行われるようになった。米国におけるレイプ被害者のトラウマに関する最初の精神科領域の報告は、レイプクライシスセンターでの活動に基づく精神科専門看護師バージェスとホルムストロム（Burgess & Holmstrom, 1974）の「レイプトラウマ症候群（rape trauma syndrome）」に関する記述的研究である。この論文では後にＰＴＳＤとして記述される症状が指摘されていた。

医学的視点から見れば、これらの研究を踏まえて、１９８０年に米国精神医学会の診断統計マニュアルにＰＴＳＤ概念が登場したことは特筆すべきことだったと言えるだろう。１９８０年の診断基準におけるＰＴＳＤ概念は、第一に戦争体験を持つ退役軍人の戦争後遺症を対象としていたが、一方でレイプの被害者やＤＶの被害者の症状をも視野に入れる概念であった。この診断基準以降、多数の研究において性暴力被害者のＰＴＳＤが、臨床的にも疫学的にも測定されるようになる（APA, 1980; Kessler et al., 1995; Rothbaum et al., 1992）。ＰＴＳＤ診断の登場は、また司法にも影響を与えることとなった。ここでも、70年代から80年代にかけて、性暴力被害者の社会的発見と権利の擁護が、医学にも影響を与え、一方で、社会へのその概念の浸透とともに、診断と治療を必要とする疾病としてＰＴＳＤが中立的医学的な概念に変化していく過程が見える。

もともとフェミニストの支援活動は社会への異議申し立てとしての性質を持っていることから、必ずしも警察や司法との連携はスムーズではなかったと考えられる。しかし初期の支援活動が成果を上げることによって、社会が被害者を認知し支援活動がひろがり、司法などの保守的な社会制度にも影響を与え変革を迫ることになった。一方で被害者関連の支援活動の80年代の急速な制度化と発展は、レーガン政権などの社会正義を守る活動とフェミニスト活動、犯罪被害者の人権活動が融合するという特殊な状況が背景にあって実現したと言われている。犯罪者の厳罰化、国家権力による犯罪取り締まりの強化などはもともとは保守の側からの主張であるが、犯罪被害者の支援の目指す目標がこれらに一致する部分もあるからである。

欧米先進国だけでなく世界的に見れば、性犯罪を含む「女性に対する暴力」に対する政策が各国の課題として広く認識されるようになるのは１９９０年代になってからである。１９９３年に国連総会で採択された「女性に対する暴力の撤廃に関する宣言」、１９９５年の北京における第４回世界女性会議などが、世界各国の政策やＮＰＯの動きに重要な影響を与えてきた。

日本では、他の先進国と同様、70年代初頭に第二派の女性運動の波があり、日本国内にも性暴力被害者の問題が紹介されたり、また強姦救援センターなどの民間の被害者支援組織が現れた。しかし、欧米のように草の根活動の支援の数が急激に増え、それが法や政策に取り込まれるという現象は生じなかった。また医療や心理の専門領域でも、例えばトラウマへの反応が臨床や研究の対象とされることもなかった。

１９７０年代には、日本で性的虐待の報告数がごく少ないことや、強姦被害の数が少ないことについて、「日本の親子関係では、米国のような虐待が起きることはない」とか「強姦の数の多い欧米と日本とは根本的に違っている」など、日本でこれらの被害が顕在化していないことを、安易な文化的差異に帰す主張がごく普通に識者によって述べられていたことを筆者は記憶している。

上述したように日本においても、１９７０年代から少数の人の草の根活動によって性暴力被害者への支援は熱心に行われてきたが、90年代に至るまで性暴力被害は政策とは無縁な状況にあったと言えるだろう。再び、性暴力被害者を含む女性への暴力被害者支援の進展がみられるようになるのが１９９０年代である。海外での支援活動から学び、シェルターにおける支援や女性グループによる支援が草の根的に実践的に行われるようになった。また先述の国連の動きも日本に大きな刺激を与えた。さまざまなグループによる性暴力被害者の支援組織が大都市を中心に作られるようになった。男女共同参画センターにおける女性相談を性暴力被害者も対象として行うところも出てきた。

政策的にも、警察庁が１９９６年から犯罪被害者支援の施策を始め、２０００年にストーカー規制法（「ストーカー行為等の規制等に関する法律」）、児童虐待防止法（「児童虐待の防止等に関する法律」）、２００１年にＤＶ防止法（当時の正式名称：「配偶者からの暴力の防止及び被害者の保護に関する法律」）など相次いで被害の防止や被害者支援に関する法律が施行されるようになる。このころの日本はちょうど被害者支援の先進諸国における１９８０年代のような状況であったと言えよう。公的な支援制度と女性の権利への支援活動が結びついてきたのである。

法制度ができて、社会に被害が「見える」ようになるとさらに被害の問題と支援の乏しさが顕在化してくる、というのが女性に対する暴力の被害の特徴である。ＤＶ防止法ができたことで平成14（２００２）年度には約３万５千件であった配偶者暴力の相談が平成27（２０１５）年度には10万件を超えるようになっている。内閣府男女共同参画局（2000, 2003, 2006, 2009, 2012, 2015）による被害調査の被害経験率の値はこの間それほど変わっていないから、DVについて法律ができ、名前が付き、支援が見えるようになって、相談する人が増えたのである。虐待と同様の経過をたどっていることは多くの人の知るところであろう。

しかし、DV、児童虐待に比べ、性暴力被害に特化した立法は行われず、犯罪被害者支援の政策の中でも本格的な対処が遅れたと言えよう。被害実態が深刻であることが、調査や実践の中であきらかになり、警察などの一定の対策はとられたが、性暴力被害者に特化した総合的な政策や、より根本的な法の整備は行われないままであった。アジアでも韓国や台湾などの法整備、制度整備が日本より先行し、多くの研究者がこれらの国を視察することとなった。

精神医学や心理学領域でも１９９０年代から少しずつ性暴力被害の研究がおこなわれるようになった。しかし、欧米諸国に比べると、研究の質も量もきわめて少ない。自分自身の領域のことだからなかなか言いにくいところもあるが、筆者はこの理由の一つは女性研究者の少なさにあると思っている。この領域は、被害者に出会い二次被害を与えずに調査をしたり治療を行ったりすることが求められるから、外国でも女性研究者が圧倒的に多い領域である。しかしそもそも日本は女性研究者の割合が非常に低い。内閣府の国際比較の図（内閣府男女共同参画局 2015a）を見る限り、ほとんどの先進国だけでなく、南欧、東欧の諸国、韓国にも抜かれてその割合は、表の中で最下位29位である。研究計画を立て、資金を獲得し、研究していくためにはある程度の安定したポジションが必要であるが、そのような立場にある研究者はさらに少ない。この状況が大きな対象領域があることが分かりながらそれに携わる研究者の少なさを生み、少なさからくる研究の蓄積の不足を生んでいるように見える。現実に、性暴力被害者に関わる専門家、支援者の多くが非常勤雇用の女性であることは大きな問題であろう。女性に関する日本の構造的な問題が性暴力被害者だけでなく研究や支援にも影を落としていると思う。

２．国際的に見た日本の性暴力被害

性暴力被害の状況は文化を超えて共通な面が多い。

しかし，それらの統計は国によって大きな差があるのが現状である。ＷＨＯは，性暴力は広く社会にまん延しているが，全国規模の被害調査は少なく，通報統計では，15歳以上の女性で，０・３％－12％とした各国調査（Garcia-Moreno et al, 2005）もあるが，そこから漏れてしまう被害が多く，疫学的にはより洗練された調査が必要だと繰り返し述べている（WHO, 2016）。日本における生涯レイプ経験率は，６－７％（内閣府男女共同参画局 2000, 2003, 2006, 2009, 2012, 2015）であるから，国際比較の中ではかなり低い方に属する。

性犯罪被害の調査はどの国でも難しい。何を被害と考え，何を調査に書き込むかは，その国の社会状況や文化に影響される。調査を行うと男女平等が進んだ国ではむしろ高く被害率が現れることが多い。現在国際的に行われている犯罪被害の調査として国際被害調査ＩＣＶＳがある。これは１９８９年にヨーロッパを中心として立ち上げられ，数年ごとに繰り返されている調査だが，２００５年には共通のフォーマットを使って30か国33都市で行われた（van Dijk et al., 2007）。性的暴行（「性的な理由で攻撃的な方法で掴まれたり触られたり暴行を受けたりしたこと」と具体的に問題文に書かれている）の1年間の被害率では，主な先進国全体の被害率では年間０・６％である。

日本では例えば２００４年には男女３７１７人を対象に，回答率62・０％で行われている。性暴力の被害率は

０・１％、２００４年には０・８％となっている。大変低い値に見えるが、同調査の強盗の経験率は日本は０・２％であり（法務省法務総合研究所 2008）、性暴力よりもさらに低い。

同調査で、もっとも最近の被害について尋ねた質問では、３分の１の人が加害した相手の名前を知っていたと答え、その内訳としては以前のパートナーが11％、同僚あるいは上司が17％、現在のパートナーが８％、友人が16％となっている。78％のケースが単独犯の被害である。

ＩＣＶＳの性暴力被害についての結果を見る限り、性暴力被害に関して日本は特に変わったところのない中位の国である。しかしすべての犯罪（例えば、自動車盗、スリ、強盗などを含めた10犯罪）の被害率に関しては、日本は極めて被害率の低い国のグループに属しており、日本のほかの犯罪被害とは性暴力の被害の様相は異なっていることも忘れてはならないだろう。

３．健康から見た性犯罪被害

ＷＨＯ（2003）は、性暴力被害の健康への影響を主にリプロダクティブ・ヘルス（reproductive health）、精神健康（mental health）、行動（behavioral）、致死的影響（fetal outcome）の４つの領域に分類している。リプロダクティブ・ヘルスに関しては、外傷、望まない妊娠や中絶、性感染症の危険、ＨＩＶ感染の危険などさまざまな問題が示されている。また法医学的観点からも、証拠採取や外傷等の評価も必要になる。精神健康の観点からは、抑うつ、ＰＴＳＤ、不安、睡眠障害、身体的愁訴、パニック障害などがあげられる。行動に関しては過剰な性化行動や薬物乱用などが挙げられる。致死的影響に関しては自殺の増加、危険な妊娠分娩による死などがあげられている。

ＰＴＳＤは性暴力被害者の健康面での支援を考えるときに必須の問題である。トラウマに関する問題は、この本の他の箇所でも述べられているのでここでは具体的には述べないが、ＰＴＳＤを中心とした精神科医療、心理的支援は性暴力被害者の支援に必須であることは言うまでもない。ここではＰＴＳＤだけでなく、むしろ健康に関するさまざまな側面に関しても、臨床的症状に限らないさまざまな問題が生じることも知っておく必要があるだろう。

４．日本における性暴力被害ワンストップセンターの設置

２００５年に施行された犯罪被害者等基本法（以下、基本法）に従って２０１１年３月に策定された第２次犯罪被害者等基本計画において、性犯罪被害者の身体的、精神的被害の回復のための対策として、性暴力被害者のためのワンストップ支援センターの設置を促進するための施策が盛り込まれた。内閣府（2012）の第２次犯罪被害者等基本計画とともに出された「性犯罪・性暴力被害者のためのワンストップ支援センター開設・運営の手引～地域における性犯罪・性暴力被害者支援の一層の充実のために～」にはその具体的なイメージが説明されている。「ワンストップ支援センターは、性犯罪・性暴力被害者に、被害直後からの総合的な支援（産婦人科医療、相談・カウンセリング等の心理的支援、捜査関連の支援、法的支援等）を可能な限り１か所で提供することにより、被害者の心身の負担を軽減し、その健康の回復を図るとともに、警察への届出の促進・被害の潜在化防止を目的とするもの」とされている。

表7-1　SACHICO およびSARC 東京の開設後３年間の相談実績（性暴力救援センター・大阪，2014）

	SACHICO	SARC 東京
形式	病院拠点型	相談センター拠点型
電話相談	10160 件	10831 件
来所	1746 人	518 人
産婦人科初診	557 人	96 人

ワンストップ支援センターに求められる核となる機能は、①支援のコーディネート・相談、②産婦人科医療（救急医療・継続的な医療・証拠採取等）とされており、この２つの機能がどのように関連付けられ、機能するかによって「病院拠点型」と「相談センター拠点型」という２つのパターンを示している。さらに現在の日本の状況に鑑みて、地域によっては、被害者への「ワンストップ」な支援の提供という点では課題があるものの、「相談センターを中心とした連携型」もありうるとしている。

日本での最初のワンストップ支援センターは２０１０年４月に開始された「性暴力救援センター・大阪」（略称：ＳＡＣＨＩＣＯ）である。ＳＡＣＨＩＣＯは、病院拠点型の機関である。開設５年間で、２万３千件を超える相談を受け、９８３人の病院受診を経験している（加藤 2016）。また２０１２年６月にＳＡＲＣ東京が相談センター拠点型で活動を開始している。24時間３６５日性暴力被害者支援に特化した相談員が常駐する組織の維持はなかなか難しく、24時間の電話相談以外の活動が可能であるセンターは、筆者が知る限りでは大阪、東京を含む数か所に留まる。

大阪、東京のワンストップ支援センターの実績はそれぞれ３年間で表７-１のようである。

両者の電話相談数はほとんど同じであり、性暴力被害者に対する支援活動が待たれていたものであることが分かる。ただ来所ケースおよび産婦人科初診ケースはＳＡＣＨＩＣＯが３倍強となっている。病院拠点型の特徴が生かされていると考えられる。

一方この表にはないが、ＳＡＲＣ東京は連携弁護士グループや連携精神科を持っており、それらへの紹介数も３年でそれぞれ58人、37人となっている。他機関との連携が作りやすい相談センター拠点型の特徴が出ているかもしれない。

なお、ＳＡＲＣ東京は２０１２年６月に任意団体として設立された後、２０１４年３月に特定非営利活動法人化された。２０１５年7月には、ＳＡＲＣ東京は都と連携して事業を実施する補助事業者となった。この連携により、ＳＡＲＣ東京の相談体制は複数化された。一方、協力医療機関は一挙に都内全域にわたる65機関となった。このことが活動にどのような変化をもたらすのかは今後の結果を待たねばならない。筆者もＳＡＲＣ東京の活動に関わりを持っているので、以下ではＳＡＲＣ東京の例を中心に考察する。ここでの検討はあくまで筆者個人の意見であることをあらかじめ断っておきたい。

第2節　性暴力被害者支援の今後の展望

東京、大阪のワンストップ支援センターは、国際的水準に照らしても、性暴力被害者支援のワンストップ支援センターの機能を果たしており、また開設当初から多くの人を集めて機能している。その理由としては、センター開設までに既に支援の歴史があったことが最も大きいだろうが、それ以外にも大都市ならではの利点があると考えられる。ニーズが確認されていたこと、支援の人的資源が豊富なこと、さらにアクセスのしやすさ、豊富な連携先の存在などの特徴があげられよう。

人が密集して住んでいるということは、被害にあった人がアクセスするための時間が短いということにつながる。被害者が支援機関の存在を知っていても、車で1時間以上かかる場所となると、具合が悪ければ一人では行くこともできない、ということになりがちである。いつでも、思い立ったら自力でも行ける場所にあることが必要だろう。例えばＳＡＲＣ東京のある場所は都内では決してアクセスの良いところではないが、それでも、車に乗らなくても、電車やバスの時刻表を気にしなくても来所することができる。かかる移動時間が短いということは楽だということだけではなく、学校や仕事の中断もそれだけ少なく済むということであり、大事なことである。

それでも東京西部からＳＡＲＣ東京に来所する被害者の中にはかなりの時間をかけてくる人もいるようであり、東京でも1か所のワンストップ支援センターでは不足であることの表れだろう。

また例えば東京都では警視庁の認知する平成26（２０１４）年の強姦事件が１９３件、強制わいせつが９９９件であった（警視庁 2015）。通報率が、先述した国際被害調査に見られるように、13％程度だとすると、通報しない人も含めて、性暴力被害者支援の対象となる人は年間９千人程度ということになる。これらの人のすべてに相談が必要なわけではないだろうが、それにしても大都市の潜在的なニーズは大きい。このことから考えると、ＤＶの発見が配偶者暴力相談支援センターが発足することによって加速されてきたように、性暴力被害者支援も相談が軌道に乗れば、さらに相談は増えてくるだろう。現在は被害者のうちごく一部の人がワンストップセンターを利用しているにすぎない。むしろそういう状況だからこそＳＡＲＣ東京が成り立っているのであって東京都の事業として展開が順調であれば、早晩パンクしてしまうことにもなりかねない。

国連の〈女性に対する暴力〉に関する立法措置の手引き The Handbook for Registration on Violence against Women（UN Women, 2012）では，被害者の保護，中長期支援に関しては5万人に1か所の被害女性の権利擁護とカウンセリングを行うセンター，急性期の医療，司法，支援の統合センターとしては20万人に1カ所のレイプ救援センターの設置を勧めている。先進国のモデルは米国やドイツのレイプクライシスセンターであるとしている。これに従えばレイプ救援センターでも，東京23区ではほぼ各区に1以上ということになる。一度にそこまで行かなくても，ＤＶの場合と同様に基幹となるセンターが東京に２つ以上は必要であろう。筆者は大都市ではまずは１００万人に1つ程度の医療，司法と連携の持てる急性期のための性暴力被害救援センターは必要であると考えている。

地方では事情は異なり，全県の人口が１００万に満たない県も少なくない。また支援する人たちの数も限られている。文化的にも家族や地域の中で性暴力被害について言葉を発することがとても難しい地域もある。専門家が少ない地域もある。

このような地方で大都市と同じような性暴力被害ワンストップ支援センターを最初からつくるのは困難であると思う。まず24時間３６５日の電話相談を継続して行うこと自体が簡単な課題ではない。これまでに筆者の見た24時間電話を受け付けるボランティア組織では，最低でも1か月に約30－40人のボランティアの参加が必要となることが多かったと思う。性暴力被害者の支援員には，多岐に渡る支援能力が要求される。本人の状態，今必要なこと，役に立つ支援先との連携，司法との関係など，不十分な情報から多くのことを短時間に判断し，実行しなければならない。そのようなスキルのある人を中心に採用するとなれば，地方都市で最初から30人40人というのは不可能であると感じる。専門家にふさわしい有給であれば，事情は違うが，そうなると24時間を交代勤務でやることになり，人件費はかなりかかる。仕事の密度も要求されよう。

そうであれば、地方都市でも可能な形、あるいは地方都市の特徴を生かした形を考えていくことが必要だろう。人口が全県で１００万程度とすると、警察に届けられる強姦被害は、算術的に言って、全国の約１００分の１となり年間十数件、強制わいせつを含めても年間１００件を超えないことになる。暗数が有る一方で、支援を使わないケースもあることを考えると、ポツポツある多様な相談をどのように有効に支援していくかが重要となるだろう。東京、大阪と同じモデルを考えるのでなく、柔軟に考えることが必要である。一方、あまり柔軟にしすぎると、名目だけで実際の支援の行えないセンターになってしまうので、そのバランスは難しい。

実際各道府県のワンストップ支援センターの中には、24時間開設でないところが多いし、中には毎日ではないところもある。これも経験的にだが、開設時間が限られている相談と24時間対応可能な相談とは、相談をする側にとってはかなり違う。ＳＡＣＨＩＣＯの資料によれば、夜間休日の電話が約半数であり来院が半数を超えるという。おそらく開設時間が限られるにつれ、全体の相談数は減り、被害からの時間がある程度たった相談数が増えるのではないかと推測される。

医療との連携も病院内にあるところもあるが、相談と病院連携が十分でないところもある。極端に言えば、それでも性暴力に関する相談に乗ってくれる人がいて、必要な支援を一緒に探してくれる人がいる、ということでも、スタートせざるを得ない地方もあるだろう。

一方、地方には地方の利点も存在する。地方の支援の様子を見せてもらうと、支援者同士のつながりが強く、顔がよく見えていることに感心することも多い。性暴力被害者支援に関わる人だけでなく、その周辺部の人たち、専門家の人たち、あるいは地方自治体の幹部も、一旦理解すれば、柔軟に強力に支援してくれることも経験する。おそらく相談機能の在り方によって地域特性によってそれぞれの組織の特徴が表れてくるが、それを分析し活用することが今後必要となるだろう。

現在、海外の支援組織はSexual Assault Response Team（SART）、あるいはSexual Assault Response and Resource Team（SARRT）、といった名前で、地域や大学等での支援組織を作るようになっている。性暴力被害者に最初に必要な支援（日本でいうワンストップ支援センターに必要な支援）だけでなく、より広い支援者を柔軟に含む組織が目指されているという。

第3節　おわりに——私にとってのワンストップ支援センターとの連携の経験

著者は現在ワンストップセンターと連携した精神科臨床を行っている。このような臨床も日本では初めてなので、試行錯誤しながら被害者の支援を行っている状況である。どのような被害者が精神科医療を必要とし、どのように回復していくか、どのような問題があるか、ということについては今後時間をかけて蓄積し検証していきたいと思うが、3年半の経験から感じることを述べておきたい。実証的な研究報告は別途発表していく予定である。

まず、これまでの精神科臨床で見る性暴力被害者と比べて、ワンストップ支援センターからの紹介では、被害後早い時期に初診となることが圧倒的に増えたと言える。以前は被害から数年かかってようやく受診する人も多かったが、現在では3か月以内の人が多数を占めている。一番早く受診する患者は被害から1週間以内ということもある。ワンストップ支援センターに相談し、産婦人科を受診、必要な処置をし、その後必要があり希望があれば精神科を受診することとなる。通常の臨床では、家族に話をして二次被害を受け、警察に言って二次被害を受け、誰も分かってくれず孤立化し、症状を悪化させ慢性化させてから来所する被害者が多かった。早い時期に相談し、受診するということは、そのような二次被害を防ぐことにもつながるし、本人や家族の症状への誤った対処も減らすことが出来る。

この時期に受診する人たちのほとんどにＳＡＲＣ支援員の同行がある。一般の人にとって精神科の敷居は大変高いことをこの臨床を始めて再認識させられた。多くの人は精神科という名前だけで恐れをなして、具合が悪くてもやってこない。信頼できる支援員の同行や勧めがあって初めて、早い時期に受診が可能となっている印象がある。また、仕事、通学などの日常生活がうまくいかなくなっている人も多いから、ケースワークも必須であるが、この部分をワンストップ支援センターが担ってくれることは、医師としては大変大きな支えである。

診断名から見ると、ほとんどの被害者にトラウマ、ストレス関連の診断名が付く。ＰＴＳＤが最も多い。そのほかには急性ストレス反応、適応障害、抑うつ状態などが見られる。他の診断、例えば統合失調症や、双極性障害、あるいは広汎性発達障害などが見られることもあるが、それらは被害前からの精神科既往として存在し、そこにさらにトラウマ反応が加わって再燃、重篤化していることがほとんどである。

多くの被害者が、非常に自責的だったり、加害者に対して罰したいという気持ちを持っているにもかかわらず、事件に対して回避的であり、話をしたがらなかったりできなかったりする。医療機関を受診しているのに、自分の症状も、そのことに関わることも言いたくない、言えないというのは矛盾した状況であるが、多くの被害者がこの状況にあり、一般精神科では誤診も起こりやすいし、二次被害も起こりやすい。

トラウマ反応急性期にどのように介入するかは学術的にも検証が難しく、定式は定まっていない。自然回復がある可能性はもちろんあるが，現在の診断の状況からすると，３か月以内にトラウマ反応が自然回復するような人は，あまり来院していないと言える。支援員の判断がしっかりしているのかもしれない。医師としては，現在のように，精神科受診を希望したり，相談員に受診を勧められる人が来院する状況では，まずは継続受診を促すサポートが必要であると言えるだろう。すぐに積極的な治療が始められるわけではなく，いつどのように介入していくかが難しいところだと感じている。

しかし，全体として受診した人の転帰は悪くなく，やや乱暴に言えば「継続受診さえしてもらえればＰＴＳＤなどのトラウマ反応はよくなる。寛解，終結に至る人も少なくない」状態である。状態が少し落ち着き，症状に自覚的になってきたときに，ＰＴＳＤに特化した認知行動療法を導入すると明確に症状軽減があり，多くの人が社会に復帰できる印象がある。認知行動療法の導入率が著者が思っていたよりも高く，認知行動療法なしでは，この外来はすぐにパンクしてしまう。

支援センターの支援がなかったら，また連携する弁護士がいなかったら，連携する精神科の臨床がなかったら，この被害者はいったいどうなっていただろうかと思うことも多い。被害者は若く未成年，20代までがかなりの割合を占める。これから人生が作られていく時期の人たちが，困難で複雑な被害の影響を受ける。

深刻な影響を受けていた人が，被害から解放され，仕事を始めたり，大学受験したりする場面に立ち会うこともある。こんなに晴れ晴れと回復できる人が，おそらく支援を受けなければ，回復の糸口がつかめないまま，学業も仕事も続けられず，孤立して人生を送っていたかもしれないことを思うと，性暴力被害者への多層的な支援活動の重要性を実感させられる。

［引用文献］

American Psychiatric Association (1980). *Diagnostic and Statistical Manual of Mental Disorders, Third edition: DSM-III*. Washington, DC: American Psychiatric Association.

Burgess, A. W., & Holmstrom, L. L. (1974). Rape trauma syndrome. *American Journal of Psychiatry*, **131**, 981–986.

Clevenger, S. (2015). Criminal justice system treatment approaches for sexual assault victims. In T. N. Richards, & C. D. Marcum (Eds.), *Sexual Victimization: Then and now*. SAGE, pp. 33–50.

Garcia-Moreno, C., Jansen, H. A. F. M., Ellsberg, M., Heise, L., & Watts, C. (2005). WHO multi-country study on women's health and domestic violence against women: Initial results on prevalence, health outcomes and women's responses. Geneva: World Health Organization. 〈http://mercury.ethz.ch/serviceengine/Files/ISN/14528/ipublicationdocument_singledocument/6099f650-4f93-4925-8781-672e1bf5c326/en/Fulltext_women_violence.pdf〉

Gillespie, L. K., & King, L. (2015). Legislative origins, reforms, and future directions. In T. N. Richards, & C. D. Marcum (Eds.), *Sexual Victimization: Then and now*. SAGE, pp. 15–32.

法務省法務総合研究所（2008）.「第５編 第１章 第２節 ２ 第３回調査の結果」『平成20年版犯罪白書』１８６－１９０頁〈http://hakusyo1.moj.go.jp/jp/55/nfm/n_55_2_5_1_2_2.html〉

Karmen, A. (2010). Crisis centers: Providing emergency assistance. In *Crime Victims: An introduction to victimology. Seventh ed.* Wadsworth Cengage Learning, pp. 289–290.

加藤治子（2016）.「子どもへの性暴力――性暴力救援センター・大阪ＳＡＣＨＩＣＯ ５年間の活動からみえるもの」『子どもの虐待とネグレクト』17巻3号、３７４－３８０頁

警視庁（2015）.『警視庁の統計（平成26年）』42頁〈http://www.keishicho.metro.tokyo.jp/toukei/bunsyo/toukei26/pdf/toukei_h26_2.pdf〉

Kessler, R. C., Sonnega, A., Bromet, E. J., Hughes, M., & Nelson, C. B. (1995). Posttraumatic stress disorder in the national comorbidity survey. *Archives of General Psychiatry*, **52**(12), 1048–1060.

内閣府（2012）．『性犯罪・性暴力被害者のためのワンストップ支援センターの開設・運営の手引――地域における性犯罪・性暴力被害者支援の一層の充実のために』〈http://www8.cao.go.jp/hanzai/kohyo/shien_tebiki/shien_tebiki.html〉

内閣府男女共同参画局（2000, 2003, 2006, 2009, 2012, 2015）．『男女間における暴力に関する調査報告書（平成11、14、17、20、23、26年度調査）』〈http://www.gender.go.jp/policy/no_violence/e-vaw/chousa/h11_top.html〉

内閣府男女共同参画局（2015a）．『男女共同参画白書　平成27年版』〈http://www.gender.go.jp/about_danjo/whitepaper/h27/zentai/html/zuhyo/zuhyo01-06-09.html〉

内閣府男女共同参画局（2015b）．『性犯罪被害者等のための総合支援に関する実証的調査研究報告書』〈http://www.gender.go.jp/e-vaw/chousa/pdf/2015houkoku_1-4.pdf〉

Rothbaum, B. O., Foa, E. B., Riggs, D. S., Murdock, T., & Walsh, W.（1992）. A prospective examination of post-traumatic stress disorder in rape vistims. *Journal of Traumatic Stress*, 5, 455-475.

性暴力救援センター・大阪ＳＡＣＨＩＣＯ（2014）．『子ども虐待への対応～性虐待被害者の保護とケアを中心に～カイヤ・プーラさん講演録』大阪：ＮＰＯ法人性暴力救援センター・大阪ＳＡＣＨＩＣＯ事務局（ウィメンズセンター大阪）、58頁

United Nations Entity for Gender Equality and Empowerment of Women（2012）. *Handbook For Legislation On Violence Against Women*. New York: UN Women, p. 30.〈http://www2.unwomen.org/~/media/headquarters/attachments/sections/library/publications/2012/12/unw_legislation-handbook%20pdf.pdf?v=1&d=20141013T121502〉

van Dijk, J., van Kesteren, J., & Smit, P.（2007）. *Criminal Victimisation in International Perspective: Key findings from the 2004-2005 ICVS and EU ICS*. Wetenschappelijk Onderzoek- en Documentatiecentrum. pp. 76-78.〈http://unicri.it/services/library_documentation/publications/icvs/publications/ICVS2004_05report.pdf〉

World Health Organization（2003）. *Guidelines for Medico-Legal Care of Victims of Sexual Violence*. Geneva: World Health Organization.

World Health Organization（2016）.〈http://www.who.int/mediacentre/factsheets/fs239/en/〉（２０１６・７・20取得）

付録　用語解説

上田　鼓

各用語についてさらに詳しく調べたい場合には、各用語に付記されているホームページ、法律、文献等を参照されたい。

あ行

意見陳述

「心情等の意見陳述制度」とは、被害者や遺族などが、被害についての今の気持ちや事件についての意見を法廷で述べたいという希望を持っている場合に、このような気持ちや意見を述べることができる制度。

（法務省ＨＰ：〈http://www.moj.go.jp/keiji1/keiji_keiji11-4.html〉）

か行

強姦神話（rape myth）

強姦に関する誤った社会通念のこと。強姦被害者の援助プログラムとしては最も歴史の古いものの一つである米国ワシントン特別区にあるレイプ・クライシス・センターのトレーニング・マニュアルでは、このような通念をmythと言い、次のようなことを挙げている。

・強姦はたいしたことではない。単なるセックスにすぎない。
・強姦は若い女性にだけ起きることだ。
・強姦は自分が招いたことだ。なれなれしい態度や挑発的な人だけが被害者になる。

など。

（小西聖子（2006）．『犯罪被害者の心の傷〔増補新版〕』白水社）

さ行

証人出廷／証人尋問

被告人の犯罪を証明するため、被害に遭った状況や被告人に対する気持ちを裁判所で証言すること。

（法務省ＨＰ：〈http://www.moj.go.jp/keiji1/keiji_keiji11-4.html〉）

証人の遮へい

証人が、法廷で証言する際に、被告人や傍聴人から見られていることで心理的な圧迫を受けるような場合に、その精神的な負担を軽くするため、証人と被告人や傍聴人との間についたてなどを置き、相手の視線を気にしないで証言できるようにするもの。

（法務省ＨＰ：〈http://www.moj.go.jp/keiji1/keiji_keiji11-4.html〉）

証人への付添い

性犯罪の被害者や小さな子どもなどが、刑事事件の証人として法廷で証言するときは、大きな不安や緊張を覚えることがある。このような不安や緊張を和らげるため、証人が証言している間、家族や心理カウンセラーなどが、証人のそばに付添うことができるようにするもの。（法務省ＨＰ：〈http://www.moj.go.jp/keiji1/keiji_keiji11-4.html〉）

全国被害者支援ネットワーク

犯罪被害者等早期援助団体および犯罪被害者等早期援助団体の指定を目指す全国の民間被害者支援団体が加盟する特定非営利活動法人で、平成10年に8団体をもって設立された。加盟団体は年々増加し、平成21年には全都道府県に設置されるに至った。犯罪等の被害者等に対する支援活動を行う団体および法人間の連携と相互協力を通じて、被害者等に対する支援事業を効果的に推進するとともに、社会全体の被害者支援意識の高揚を図り、もって被害者等の被害の回復と軽減に資することを目的とする。

（全国被害者支援ネットワークＨＰ：〈http://nnvs.org/network/〉）

た行

第2次犯罪被害者等基本計画

犯罪被害者等基本法に基づき、平成17年12月に犯罪被害者等基本計画、平成23年3月に第2次犯罪被害者等基本計画（以下、「第2次基本計画」）が閣議決定され、わが国の犯罪被害者等施策は大きく進展した。第2次基本計画では、犯罪被害者等基本法に基づき、計画期間を平成27年度末までの5か年とし、精神的・経済的支援の充実を図る取組みなどが盛り込まれた。本書の原稿の多くの部分は、第2次基本計画の計画期間中に執筆されている。

なお、平成28年4月には計画期間を平成32年度末までの5か年とする「第3次犯罪被害者等基本計画」が閣議決定されている。

（警察庁ＨＰ：〈http://www.npa.go.jp/hanzaihigai/kuwashiku/keikaku/keikaku.html〉）

は行

犯罪被害者直接支援員

犯罪行為の発生後速やかに、かつ、継続的に、犯罪被害者等に対し、物品の供与または貸与、役務の提供その他の方法により援助を行う業務（直接的支援業務）に従事する人。

（「犯罪被害者等給付金の支給等による犯罪被害者等の支援に関する法律」（昭和55年法律第36号））

犯罪被害者等基本法

議員立法により平成16年12月に成立し、平成17年4月に施行された。この法律は、犯罪被害者等のための施策を総合的かつ計画的に推進することによって、犯罪被害者等の権利利益の保護を図ることを目的としており、その基本理念として、犯罪被害者等は、個人の尊厳が重んぜられ、その尊厳にふさわしい処遇を保障される権利を有することなどが定められている。（平成16年法律第161号）

（警察庁ＨＰ：〈http://www.npa.go.jp/hanzaihigai/kuwashiku/kihon/kihon.html〉）

犯罪被害者等早期援助団体

犯罪被害等を早期に軽減するとともに、犯罪被害者等が再び平穏な生活を営むことができるよう支援するための事業を適正かつ確実に行うことができると認められる営利を目的としない法人であって、都道府県公安委員会が指定する。

（「犯罪被害者等給付金の支給等による犯罪被害者等の支援に関する法律」（昭和55年法律第36号））

犯罪被害相談員

犯罪被害等に関する相談に応ずる業務（相談業務）に従事する人。

（「犯罪被害者等給付金の支給等による犯罪被害者等の支援に関する法律」（昭和55年法律第36号））

被害者参加制度

一定の事件の被害者や遺族などが、刑事裁判に参加して、公判期日に出席したり、被告人質問などを行うことができる制度。

（法務省ＨＰ：〈http://www.moj.go.jp/keiji1/keiji_keiji11-4.html〉）

被害者の手引

都道府県警察において作成された、刑事手続の概要、捜査への協力のお願い、犯罪被害者が利用できる制度、各種相談機関・窓口についてわかりやすく記載したパンフレット。

（警察庁ＨＰ：〈http://www.npa.go.jp/higaisya/home.htm〉）

被害少年

犯罪その他少年の健全な育成を阻害する行為により被害を受けた少年をいう。少年とは20歳に満たない者を指す。

（「少年警察活動規則」（平成14年国家公安委員会規則第20号））

ビデオリンク方式

性犯罪の被害者などが、関係者の全員そろった法廷で証言することに大きな精神的な負担を受けるような場合、このような負担を軽くするため、証人に別室で在席してもらい、法廷と別室とをケーブルで結び、モニターを通じて尋問を行うという証人尋問の方法。

（法務省ＨＰ：〈http://www.moj.go.jp/keiji1/keiji_keiji11-4.html〉）

わ行

ワンストップ支援センター

法律上の定義はないが、「性犯罪・性暴力被害者のためのワンストップ支援センターの開設・運営の手引～地域における性犯罪・性暴力被害者支援の一層の充実のために～」（内閣府）の中では、性犯罪・性暴力被害者に、被害直後からの総合的な支援（産婦人科医療、相談・カウンセリング等の心理的支援、捜査関連の支援、法律的支援等）を可能な限り一か所で提供（当該支援を行う関係機関・団体に確実につなぐことを含む。）することにより、被害者の心身の負担を軽減し、その健康の回復を図るとともに、警察への届出の促進・被害の潜在化防止を目的とする支援施設のこととしている。

（内閣府ＨＰ：〈http://www8.cao.go.jp/hanzai/whitepaper/w-2012/html/zenbun/part1/s1_2_2.html〉）

あとがき

「残されているのは性暴力被害者だ」

平成17年に初めての犯罪被害者等基本計画が作成されたときにそう思ったのを記憶している。今から10年ほど前のことになる。当時、すでにDV防止法ができ、児童虐待防止法が施行されていた。そして平成16年には犯罪被害者遺族の活動が原動力となった犯罪被害者等基本法が成立した。もちろん、法律ができただけでは、変わらないこともたくさんあるが、少なくとも被害が前より見えるようになり、社会の問題として認識されるのは間違いない。

犯罪被害者等基本法やDV防止法成立に関連して、自分が臨床でよく出会う暴力の被害者のかなりの部分が、法律や制度の対象となるようになったが、性暴力の被害者の多くは、犯罪被害者として社会にあらわれることもなく、支援の対象にはなっておらず、問題の多い状況に取り残されている、というのが私の認識だった。今、状況は変わりつつある。明治以来の性犯罪に関する刑法の改正が実現しようとしているし、性犯罪、性暴力被害者支援のためのワンストップセンター設立が自治体の課題となりつつある。

その中で、タイミングよくこの本を上梓できるのは大変ありがたいことである。タイミングよく、には注釈を加えなくてはならないだろう。実際には私は編者であるにもかかわらず、この本の発行をかなり遅らせてしまったからである。この本を完成させるにあたって多くの労をとられたもう一人の編者上田鼓さんには、お礼の申し上げようもない。大変なお世話になってしまった。

言い訳になるが、今性暴力の被害者の臨床の現場にはニーズがいっぱい、である。被害者の臨床現場にいる私は超多忙である。診療、心理療法、裁判の支援、鑑定、専門家教育など、たぶん時間さえあれば、性暴力被害者関係の仕事は際限なく増殖しそうな勢いである。

人と制度の両方が整わないと、どんなに切実なニーズにも安定して対応することはできない。例えば、若い人が足を骨折したとしても、日本なら、ほぼすべての人がそのケガは着実に治っていくと考えるだろう。そう思えるのは、リハビリも含めた医療制度と、教育を受けた専門性の高い医療者の両方が備えられているからである。日本の医療制度にも専門教育にもさまざまな問題はあるが、世界の中で見れば明らかに成熟して安定している。骨折した人のほとんどが医者にかかり、病院に入院したり、リハビリしたりして、その状況から回復していく。

それに比べると性暴力性犯罪支援の分野は、まだその両方が整っていない状態だと思う。心理臨床の専門家もたくさんほしいのに、どんな性暴力被害者にも対応できるほどの経験を持った人は少ない。もしそういう人がいたとしても、被害者と安全に向き合っていくことができて、相応の給料を得ながら安定して仕事ができるシステムも未熟である。専門教育もどこで受ければいいのかわからないし、被害の当事者から見ればどこに専門家がいるのかわからないだろう。人も制度も未熟なのである。骨折のたとえを使うなら、日本中にたくさん骨折した人がいて、もはや動けなくなっている人もいて、治療とリハビリでよくなることが分かっているのに、その場所も治療者もものすごく少ない。いったいどうしたらいいだろうと歯噛みしている状況にいるのが今の私たちであると思う。この本を手に取っていただいて、性暴力被害者の心理臨床に関心を持っていただけたら、そしてそこには心理臨床家の果たせる大きな役割があることを知っていただけたらと思う。

最後に、原稿ができるまで辛抱強く待っていただいた誠信書房の皆様、一緒にこの本を書いていただいた著者の皆様にも改めて御礼申し上げたい。

小西聖子

人名索引

事項索引

あ 行

か 行

さ　行

た　行

な　行

は　行

ま　行

や　行

ら　行

わ　行

執筆者紹介【執筆順】

上田　鼓（うえだ　つつみ）【はじめに，第2章，第5章，用語解説】
<編者紹介参照>

中島聡美（なかじま　さとみ）【第1章】
筑波大学大学院医学研究科博士課程修了　博士（医学）
現　在　武蔵野大学人間科学部人間科学科教授
主著書　日本犯罪心理学会編『犯罪心理学事典』（分担執筆）丸善出版　2016年

齋藤　梓（さいとう　あずさ）【第3章】
上智大学大学院文学研究科心理学専攻博士後期課程満期退学　博士（心理学）
現　在　目白大学人間学部心理カウンセリング学科専任講師
主著書　友田明美編『子どものPTSD：診断と治療』（分担執筆）診断と治療社　2014年

大山みち子（おおやま　みちこ）【第4章】
横浜国立大学大学院教育学研究科心理学専攻修士課程修了
日本大学大学院文学研究科心理学専攻博士後期課程単位取得退学
現　在　武蔵野大学人間科学部教授、広尾心理臨床相談室臨床心理士
主著書　日本犯罪心理学会編『犯罪心理学事典』（分担執筆）丸善出版　2016年

山下由紀子（やました　ゆきこ）【第6章】
武蔵野大学大学院人間社会・文化研究科人間社会専攻臨床心理学コース修士課程修了
現　在　武蔵野大学心理臨床センター他
主著書　小西聖子編『犯罪被害者のメンタルヘルス』（分担執筆）誠信書房　2008年

小西聖子（こにし　たかこ）【第7章，あとがき】
<編者紹介参照>

編者紹介

小西聖子（こにし　たかこ）

筑波大学医学専門学群卒業
筑波大学大学院医学研究科博士課程修了　博士（医学）
現　在　武蔵野大学人間科学部教授，学部長
　　　　日本トラウマティック・ストレス学会理事
主著書　小西聖子編『犯罪被害者のメンタルヘルス』（編著）誠信書房 2008 年

上田　鼓（うえだ　つつみ）

横浜国立大学教育学部卒業
横浜国立大学大学院教育学研究科学校教育専攻学校教育心理学専修修士課程修了
東京学芸大学大学院連合学校教育学研究科学校教育専攻博士課程修了
博士（教育学）
警察庁長官官房給与厚生課犯罪被害者支援室（執筆時）を経て
現　在　追手門学院大学心理学部准教授
　　　　日本トラウマティック・ストレス学会犯罪被害者支援委員会委員
主著書　日本犯罪心理学会編『犯罪心理学事典』（分担執筆）丸善出版 2015 年

性暴力被害者への支援——臨床実践の現場から

2016 年 9 月 10 日　第 1 刷発行
2021 年 1 月 30 日　第 2 刷発行

編　者	小西聖子 上田　鼓
発行者	柴田敏樹
印刷者	西澤道祐
発行所	株式会社 誠信書房

〒 112-0012　東京都文京区大塚 3-20-6
電話　03（3946）5666
http://www.seishinshobo.co.jp/

あづま堂印刷　協栄製本
検印省略　　落丁・乱丁本はお取り替えいたします
ISBN978-4-414-41619-0 C3011　　Printed in Japan

犯罪被害者のメンタルヘルス

小西聖子 編著

臨床の場で犯罪被害者と出会ったときの援助の指針を詳細に解説した総合的な解説書。

主要目次
第Ⅰ部　犯罪被害者支援に関する基礎知識
　第１章　犯罪被害者支援とメンタルヘルス
　第２章　精神医療現場での治療と対応 / 他
第Ⅱ部　メンタルヘルス領域における犯罪被害者の治療と対応の実践
　第５章　犯罪被害者治療の実践的組み立てと連携 / 他
第Ⅲ部　犯罪被害者の心理治療各論
　第８章　遺族のメンタルヘルスと対応
　第９章　性暴力被害者のメンタルヘルスと治療 / 他
第Ⅳ部　地域精神保健における犯罪被害者の支援
　第14章　精神保健福祉センターにおける犯罪被害者の支援 / 他
第Ⅴ部　どのように司法とかかわるか
　第16章　犯罪被害者と刑事司法 / 他

A5判上製　定価(4800円+税)

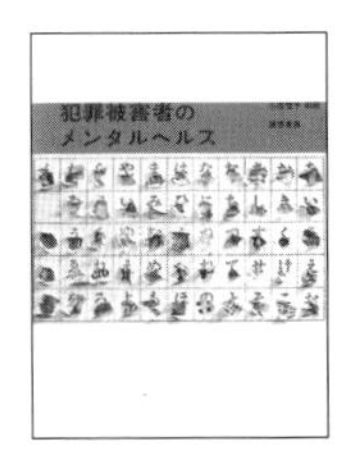

あなたに伝えたいこと

性的虐待・性被害からの回復のために

シンシア・L. メイザー / K. E. デバイ著
野坂祐子・浅野恭子訳

子どもの頃に性被害を受けて立ち直った著者が，自らの実体験から得た知識に基づく回復のためのアドバイスを具体的詳細に伝える。

主要目次
第Ⅰ部　痛みが始まる
　1. あなたはひとりじゃない
　2. あれは本当に性暴力だったの？
　3. インターネット性犯罪
第Ⅱ部　助けを求めよう
　4. だれかに話すこと
　5. まわりの人はなんて言うだろう？ / 他
第Ⅲ部　さらなる前進
　8. 回復することも，ひとつの選択肢
　9. 生き抜いてきた自分を誇ろう
　10. 未来への道を築くこと
　11. 許すこと——許す？　許さない？/ 他
第Ⅳ部　知っておきたいこと
　13. 加害者 f について知っておくべきこと
　14. 友だちとして知っておくべきこと
　15. サバイバーからあなたへのメッセージ

A5判並製　定価(本体3600円+税)